MOVIMENTO LGBTI+

Uma breve história
do século XIX
aos nossos dias

RENAN QUINALHA

MOVIMENTO LGBTI+

Uma breve história
do século XIX
aos nossos dias

3ª reimpressão

COLEÇÃO ENSAIOS

autêntica

Copyright © 2022 Renan Quinalha

Todos os direitos reservados pela Autêntica Editora Ltda. Nenhuma parte desta publicação poderá ser reproduzida, seja por meios mecânicos, eletrônicos, seja via cópia xerográfica, sem a autorização prévia da Editora.

COORDENADOR DA COLEÇÃO ENSAIOS
Ricardo Musse

CAPA
Diogo Droschi

EDITORAS RESPONSÁVEIS
Rejane Dias
Cecília Martins

DIAGRAMAÇÃO
Christiane Morais de Oliveira

REVISÃO
Bruni Emanuele Fernandes

Dados Internacionais de Catalogação na Publicação (CIP)
(Câmara Brasileira do Livro, SP, Brasil)

Quinalha, Renan
   Movimento LGBTI+: uma breve história do século XIX aos nossos dias / Renan Quinalha. -- 1. ed.; 3. reimp. -- Belo Horizonte : Autêntica, 2025. -- (Coleção Ensaios ; coordenação Ricardo Musse.)

   Bibliografia
   ISBN 978-65-5928-168-8

   1. Ciências sociais 2. Direitos dos homossexuais - História - Brasil 3. Diversidade sexual 4. Gêneros - Estudos 5. Homossexualidade - Aspectos sociais 6. Transexualidade 7. Ideologia 8. Movimento LGBT 9. Sexo 10. Sociologia I. Musse, Ricardo. II. Título III. Série.

22-107596   CDD-305.3

Índices para catálogo sistemático:
1. Diversidade sexual : Relações de gênero : Sociologia 305.3

Maria Alice Ferreira - Bibliotecária - CRB-8/7964

Belo Horizonte
Rua Carlos Turner, 420
Silveira . 31140-520
Belo Horizonte . MG
Tel.: (55 31) 3465 4500

São Paulo
Av. Paulista, 2.073 . Conjunto Nacional
Horsa I . Salas 404-406 . Bela Vista
01311-940 . São Paulo . SP
Tel.: (55 11) 3034 4468

www.grupoautentica.com.br
SAC: atendimentoleitor@grupoautentica.com.br

*A quem veio antes,
abrindo os caminhos do nosso orgulho.*

*Não se trata da história de uma minoria,
mas sim de parte da história da humanidade.*

Richard Parkinson

Apresentação 11

Parte 1

Capítulo 1. Questões conceituais 17
Quantas e quais histórias LGBTI+? 17
Essencialismo *versus* construcionismo 24
Colocação do sexo em discurso: um campo em disputas 32
Um sistema de sexo, gênero e desejo: a verdadeira
"ideologia de gênero" 35

Parte 2

**Capítulo 2. O surgimento de um (proto)ativismo
organizado na Alemanha** 43
O nascimento da identidade homossexual no século XIX 43
Condições de surgimento de um protoativismo na Europa 47
Um "vício" alemão 52
Os precursores do movimento 57

Capítulo 3. Ativismo nos Estados Unidos 67
Mudanças culturais no Pós-Guerra 67
Os primeiros grupos: o ativismo homófilo
bem-comportado pela igualdade 74
As revoltas em bares e a Revolta de Stonewall 77
A criação de um mito 81
Gay Power: Gay Liberation Front (GLF) e Gay Activists
Alliance (GAA) 84
Onde ficou o *trans power*? 90
A ameaça lavanda e a atuação das lésbicas 94
Da Christopher Street para o mundo: as paradas do
orgulho LGBTI+ 96

Capítulo 4. Movimentações e movimentos LGBTI+ no Brasil ... 101

De ondas para ciclos: outra forma de leitura do movimento 101

Quando as movimentações se tornam movimentos organizados.. 104

Ciclo da afirmação homossexual e combate à ditadura ... 106

Ciclo do HIV/AIDS e "ONGuinização" ... 112

Ciclo de institucionalização, visibilidade pública e mercantilização ... 118

Ciclo da cidadanização, da diversificação e dos direitos ... 130

Ciclo de *backlash* e bolsonarismo ... 136

Parte 3

Capítulo 5. Desafios para o movimento LGBTI+ na atualidade ... 147

Embate sem tréguas contra o autoritarismo ... 147

Flerte com o (neo)liberalismo e o *pink money* ... 149

Homonacionalismo e homonormatividade no capitalismo periférico ... 151

Fortalecimento de diálogos e alianças com as esquerdas ... 154

Usar a arma das identidades sem cair no "identitarismo" ... 161

Interseccionalidade e novas fronteiras ... 165

Representatividade e armadilhas do tokenismo ... 169

Ciladas do direito, cooptação estatal e judicialização ... 172

Lugares de fala e urgência da escuta ... 175

A tentação de uma militância narcisista e (auto)destrutiva ... 180

Cultivar as memórias, preservar os acervos ... 182

Referências ... 185

Apresentação

Este livro sistematiza anos de estudo e elaborações em torno da temática da diversidade sexual e de gênero. Há muito tempo pensava em compartilhar reflexões e referências acadêmicas em uma linguagem mais acessível, sem renunciar à profundidade das discussões, com o objetivo de atingir um público mais amplo interessado no universo e na história LGBTI+.[1] Esta obra, assim, destina-se tanto a pessoas que já têm alguma bagagem de conhecimento sobre a temática e que desejam se aprofundar como àquelas que estão dando seus primeiros passos no universo dos estudos de gênero e sexualidade.

---

[1] Há um enorme debate sobre qual é a sigla mais adequada para designar a diversidade sexual e de gênero. Historicamente, muitas foram as formas assumidas pela "sopa de letrinhas" para dar nome à comunidade: MHB (movimento homossexual brasileiro), GLS (gays, lésbicas e simpatizantes), GLT (gays, lésbicas e travestis), GLBT (gays, lésbicas, bissexuais e travestis), LGBT (lésbicas, gays, bissexuais e travestis), LGBTI+ (incluindo pessoas intersexo), LGBTQIA+ (incluindo pessoas pessoas *queer* e assexuais) etc. Não há uma instância oficial de validação das siglas, trata-se de convenção para usos específicos, a depender do que e a quem se quer comunicar. No fundo, as siglas são fruto de disputas e negociações em torno de regimes de visibilidade e entendimentos sobre as identidades que variam conforme o contexto histórico e cultural. Assim, opto, para os propósitos e objeto deste livro, pelo uso da sigla LGBTI+, que tem sido a formulação mais consensual no âmbito do movimento organizado no Brasil, incluindo pessoas intersexo e com um sinal de "+" que expressa o caráter indeterminado, aberto e em permanente construção dessa comunidade que desafia as estruturas binárias e heterocisnormativas da nossa sociedade.

O livro está dividido em três partes principais, que se desdobram em cinco capítulos. Na primeira parte, que tem um único capítulo, desenvolvo uma introdução às principais questões conceituais do campo do gênero e da sexualidade. Obviamente, sem qualquer pretensão de esgotar questões de extrema complexidade como as matrizes essencialista e construcionista ou mesmo o sistema sexo-gênero, busco apresentar um panorama explicativo dos conceitos que servirão, em seguida, de ponto de partida para interpretar as estratégias e agendas de mobilizações LGBTI+ no mundo e, particularmente, em nosso país.

Em seguida, na segunda parte, que contém três capítulos com uma abordagem mais historiográfica, analiso propriamente a emergência do movimento LGBTI+. A despeito de todos os possíveis debates em torno das experiências individuais e coletivas de resistência que poderiam ser tomadas como marco inicial de um ativismo organizado, começo com um capítulo específico sobre a Alemanha como epicentro do protoativismo de fins do século XIX no contexto de afirmação de uma identidade homossexual. No terceiro capítulo do livro, examino a emergência do ativismo nos Estados Unidos após a Segunda Grande Guerra, com destaque para o pioneirismo dos grupos homófilos da década de 1950 e, mais especialmente, aos coletivos que surgiram a partir da Rebelião de Stonewall ocorrida em 28 de junho de 1969. Sem rejeitar a importância e a influência desse evento histórico singular, problematizo as interpretações que o consideram como o "mito fundador" do ativismo LGBTI+, inserindo-o no quadro mais amplo das condições culturais e políticas norte-americanas da década de 60.

Após traçar essa história a partir de uma abordagem no plano internacional, com um recorte ocidental, passo então para a discussão do movimento LGBTI+ brasileiro no quarto capítulo. Tomando o conceito de "ciclos" em vez de "ondas", busco historicizar o desenvolvimento das principais bandeiras, sujeitos e organizações do ativismo organizado no Brasil, com especial atenção para o eixo Rio-São Paulo por causa do recorte adotado, sempre deixando uma série de referências para quem deseja aprofundar cada tópico examinado.

Por fim, no quinto capítulo que compõe a terceira e última parte, mobilizo todas as referências conceituais, históricas e da memória

LGBTI+ apresentadas no decorrer do livro para uma análise mais opinativa sobre os desafios postos às lutas por liberdade sexual e de gênero na atualidade em nosso país. Particularmente, creio ser esse o bloco mais interessante da obra e que possui relativa autonomia do restante dos escritos, por envolver reflexões mais autorais e uma leitura de conjuntura que, humildemente, pretendem contribuir para a formulação de estratégias e reivindicações para o movimento LGBTI+.

Este livro, em suma, pretende compartilhar reflexões teóricas e historiográficas, mas, sobretudo, coloca-se como um convite à ação política e à luta por igualdade, diversidade e democracia. Em tempos de autoritarismos e conservadorismos morais, nada como a história para nos ensinar e inspirar nas resistências do presente. Agradeço ao convite de Ricardo Musse, professor na minha graduação em Ciências Sociais na Faculdade de Filosofia, Letras e Ciências Humanas da Universidade de São Paulo (FFLCH/USP) e, hoje, amigo pelo convite que me fez para publicar pela Coleção Ensaios, bem como pela leitura e pelos comentários que enriqueceram o texto.

É preciso registrar que muito do conteúdo deste livro tem por base um curso sobre história do movimento LGBTI+ que teve inúmeras edições presenciais e virtuais, somando mais de mil estudantes de todos os cantos do país (e até pessoas vivendo no exterior) desde 2017. Esse curso significou muito mais do que um espaço de formação teórica. Por meio desses encontros, foi possível testemunhar o florescimento de amizades, nascimento de relacionamentos, projetos de publicações e ativismos, enfim, a criação de uma potente comunidade de reflexões, afetos e de ação.

Assim, agradeço às instituições que o acolheram desde o início: o Centro de Pesquisa e Formação (CPF) do SESC quando da primeira edição, o Espaço Revista CULT em várias outras edições, e Márcio Costa, meu companheiro, que me ajudou a organizar outras tantas edições virtuais. Dedico este livro a todas pessoas que estiveram comigo nesses momentos de trocas. Muitas das elaborações aqui surgiram a partir de provocações e questões levantadas por vocês. Aprendi mais do que ensinei, e esta obra é prova disso.

PARTE 1

1

Questões conceituais

Quantas e quais histórias LGBTI+?

A escrita de uma história das pessoas LGBTI+ é um desafio por diversas perspectivas. A despeito da existência de experiências homoeróticas e de questionamentos sobre papeis de gênero desde tempos remotos, há muitas dificuldades para esse registro. Primeiro, por causa do desafio de agrupar eventos e personagens em categorias formuladas somente na modernidade. Impor uma formulação a diferentes momentos e territórios sempre traz o risco de anacronismo e colonialismo nas formas de saber.

Em segundo lugar, porque há o desafio de elaborar um inventário de acontecimentos significativos que, soterrados pelo estigma e pela violência, acabaram invisibilizados ou apagados das narrativas hegemônicas (Souto Maior; Quinalha, 2022; Pedro; Veras, 2014). Não por outra razão, já se disse que a história LGBTI+ é um "inventário em negativo"[2] composto por ausências, lacunas e silenciamentos. Nessa

---

[2] "O projeto de uma coleção de arquivos de minorias sexuais é assombrado pela ausência. Este trabalho pode, portanto, ser lido como um inventário em negativo: o mais importante não é o que se coleta, mas o que falta coletar; o que está lá desenha o que está faltando" (IDIER, 2018, p. 6, tradução nossa). No original: "*Le projet d'une collection d'archives des minoritaires sexuels est hanté*

linha, a tarefa de uma arqueologia torna-se ainda mais necessária para, em uma leitura a contrapelo do passado, fazer emergir rastros e fragmentos que ficaram marginalizados (SEDGWICK, 2016).

Além disso, não há uma única história possível. As histórias LGBTI+ só podem ser escritas no plural. Dentre as várias possibilidades de escrita, a primeira escolha é em que momento e lugar se deve iniciar essa história. Há sempre diversos pontos de partida. Minha escolha, aqui, é não tomar como ponto de partida o conjunto de atos individuais de rebeldia, desobediências e agenciamentos que não se refletiram em uma organização coletiva mais perene.

É verdade que a resistência LGBTI+ se materializa em existências individuais antes da emergência de um ativismo organizado e mesmo antes das próprias identidades que hoje compõem a essa sigla em permanente mutação. Desde os tempos mais remotos, há diversos registros de pessoas que desafiavam as normas de comportamento nos campos do gênero e da sexualidade. Homens e mulheres que não se conformavam com o binarismo e com a heteronormatividade, transitando entre as fronteiras e, portanto, ostentando atos de transgressão.

A despeito das constantes violências a que foram submetidas, essas pessoas lograram realizar seus desejos, construir territórios de sociabilidade, circular pequenas publicações, criar modos de vida mais autênticos e até mesmo estruturar redes de proteção e afeto entre iguais. Assim, a existência de pessoas afrontando as regras da ordem sexual e social, de forma mais ou menos consciente, já encarnava uma rebeldia não apenas do ponto de vista subjetivo, mas também do social e político. Essas resistências íntimas, individuais, moleculares sempre afrontaram normas e expectativas.[3]

---

par l'absence. Cet ouvrage peut ainsi se lire comme un inventaire en négatif: le plus important n'est pas ce qui est rassemblé, mais ce qu'il reste à rassembler; ce qui est là dessiné ce qui manque".

[3] Sobre a história LGBTI+, especialmente da homossexualidade masculina, em nosso país, vale consultar os clássicos: TREVISAN, 2018; GREEN, 2000; GREEN; POLITO, 2006; ARNEY; FERNANDES; GREEN, 2010. Sobre

Tampouco tomarei como ponto de partida os diversos associativismos que povoaram o imaginário LGBTI+ ao longo de décadas e até séculos: os pequenos encontros, muitas vezes clandestinos, dentro das casas; as festas temáticas e bailes carnavalescos; os flertes em territórios semipúblicos de pegação; as casas noturnas escondidas nos guetos das grandes cidades. Ainda que marcadas por características nitidamente gregárias, tais iniciativas, que foram fundamentais para a emergência de identidades e subculturas LGBTI+, mostraram-se condição necessária, mas ainda não suficiente, para a organização política que nos interessa mais de perto aqui. Em outras palavras, por mais importante que tenha sido, a convivência entre iguais não produzia, por si só e sem articulação com outras dimensões, uma ação política organizada.

Desse modo, a depender dos critérios e recortes utilizados, definem-se marcos e processos que são mais ou menos significativos em uma determinada narrativa histórica. Para este livro, o foco é uma história, dentre as várias possíveis de serem escritas, do ativismo organizado, priorizando a dimensão político-organizativa que se convencionou chamar de movimento LGBTI+. A escolha é a de iniciar a análise pelo movimento que, a partir da segunda metade do século XIX, passou a adotar um tipo específico de ação coletiva. É a partir da convergência de uma série de fatores que se dá a emergência de um movimento social organizado.[4]

---

o movimento organizado, ver: SIMÕES; FACCHINI, 2009; GREEN *et al.*, 2018. Registre-se que a maior parte dos trabalhos sobre a temática ainda possuem um foco no Sudeste, sobretudo nas cidades de Rio de Janeiro e São Paulo.

[4] Por movimento social, tomamos a definição clássica de Alberto Melucci no campo da sociologia política: "Eu defino analiticamente um movimento social como uma forma de ação coletiva (a) baseada na solidariedade, (b) desenvolvendo um conflito, (c) rompendo os limites do sistema em que ocorre a ação. Estas dimensões permitem que os movimentos sociais sejam separados dos outros fenômenos coletivos (delinquência, reivindicações organizadas, comportamento agregado de massa) que são, com muita frequência, empiricamente associados com 'movimentos' e 'protesto'. Além disso, os diferentes tipos de movimentos podem ser avaliados de acordo com o sistema de referência da ação" (MELUCCI, 1989, [s.p.]).

São muitas as teorias no campo da sociologia política que buscam explicar o complexo tema dos movimentos sociais, cada uma com uma conceituação diversa, mas ressaltamos aqui os pontos que parecem mais importantes para demarcar a singularidade da ação política dos homossexuais: o nascimento da categoria "homossexual" dentro do campo do discurso médico-científico; a compreensão de uma identidade cada vez mais fixada no sujeito e com lastro coletivo; as diversas publicações que formaram uma esfera pública de contato e circulação de ideias e teorias; campanhas contrárias à patologização e à criminalização que possibilitaram uma determinada politização, com trânsitos institucionais, das homossexualidades.[5]

A noção de uma "comunidade imaginada", baseada na obra de Benedict Anderson (2008) sobre o nacionalismo, parece ser uma chave com interessante potencial para analisar essa emergência. Apesar das diferenças, trata-se de um repertório comum que vai permitir a nomeação de experiências. Mesmo sem conhecer pessoalmente todos os outros indivíduos iguais a você nos quesitos orientação sexual ou identidade de gênero, há uma série de referências compartilhadas que vão sendo descobertas, aprendidas e ensinadas entre gerações, conectando sujeitos para além da contingência de suas experiências. Os laços estabelecidos de uma comunhão de interesses (no caso, o desejo e o estigma que lhe atravessa) permitirão uma ação coletiva e transformadora.[6]

---

[5] "Uma enorme quantidade de evidências históricas confirmam que o que definimos hoje como comportamento homossexual existe há, pelo menos, milhares de anos e podemos presumir que comportamentos homossexuais têm ocorrido desde que os seres humanos andam pela Terra. Mas foi apenas a Revolução Industrial, no final do século XIX, que criou as condições para que um grande número de pessoas pudesse viver fora da família nuclear, permitindo que nascessem as identidades gays, lésbicas e bissexuais" (WOLF, 2021, p. 37).

[6] Muitas vezes, a noção de comunidade LGBTI+ é produzida discursivamente como uniforme, coesa e homogênea, afinal, atribui-se pouco reconhecimento e complexidade ao que é "o outro" do sujeito pretensamente universal (homem branco, heterossexual e cisgênero). Vale aqui destacar que o uso dessa noção

Tal comunidade imaginada foi se tornando mais densa e concreta, sobretudo nos grandes centros urbanos. Não por outra razão, Berlim foi o epicentro da primeira onda da mobilização LGBTI+ que analisaremos aqui. A circulação cruzada, o mundo ampliado e os encontros possibilitados nos territórios das cidades são de enorme relevância para essa constituição comunitária da população LGBTI+. Didier Eribon, inclusive, usou "refugiados" para designar LGBTI+ que viram como única saída existencial "a fuga para a cidade", ou seja, a migração para centros urbanos para os quais muitas pessoas se dirigiam com o objetivo de gozar do anonimato das cidades, que dava uma margem maior para uma vida dupla, e dos espaços – ainda que guetificados – de sociabilidade e realização de desejos homoeróticos que elas podiam e ainda podem oferecer (ERIBON, 2008 – especialmente Capítulo 2).

Outro caminho interessante para se pensar a singularidade desse momento, também atrelado ao desenvolvimento urbano, é a formação mais consistente de uma subcultura LGBTI+, ou seja, de um universo particular de sentidos e valores que dão coesão a um grupo. Mas, além de criar um senso de comunhão, a subcultura é formada não apenas apartada, mas também em contraposição com relação à cultura hegemônica ou dominante.[7] As pessoas LGBTI+ precisam se assumir contra as normas que regulam os campos do gênero e da sexualidade, ao mesmo tempo em que, ambiguamente, legitimam a existência dessa normatização. É evidente que não há como idealizar uma total desconexão do sistema sexo-gênero, mas a verdade é que, como resultado das pressões por marginalização, a subcultura

---

de comunidade precisa ser acompanhado da preocupação em não reproduzir uma visão estereotipada e totalizante dessa comunidade de singularidades de identidades e experiências.

[7] Aqui tomamos de modo mais livre a ideia de subcultura para ressaltar como a comunidade LGBTI+ produz um tipo distinto, estigmatizado e antinormativo de cultura, ainda que sempre em negociação permanente com as normas culturais prevalentes em cada contexto e território. Para um profundo panorama sobre o conceito de subcultura e seu desenvolvimento na sociologia para pensar culturas que são marginalizadas e estigmatizadas, bem como sobre as complexas relações entre subculturas e cultura hegemônica, ver: GELDER, 2005.

LGBTI+ acaba se erigindo como um contraponto às referências mais tradicionais da cultura heterocissexista.

Isto porque pessoas LGBTI+ nascem em famílias e vivem durante muito tempo na vida escolar e profissional em espaços não LGBTI+. Em geral, aliás, as esferas primárias de socialização, dentro e fora de casa, são anti-LGBTI+. Diferentemente de outros grupos vulnerabilizados, em geral as pessoas LGBTI+ não conseguem encontrar um acolhimento no seio familiar diante dos preconceitos que enfrentam na vida fora de casa. O lar, em vez de refúgio e segurança, é o lugar da violência mais insuportável, posto que irradiada pelas pessoas com quem temos uma conexão afetiva maior ao menos nessa fase da vida.

Nessa linha, sobre o processo de aculturação LGBTI+, David Halperin afirma que "homens gays não podem contar com suas famílias biológicas para ensiná-los sobre sua história ou cultura. Eles precisam descobrir suas raízes por meio do contato com a sociedade e com o mundo mais amplos" (HALPERIN, 2014, p. 7).[8] Diante da necessidade de se afirmar e constituir em contraposição a valores tão difundidos socialmente para se conectar a uma tradição de corpos estigmatizados, o grande desafio da comunidade LGBTI+ é se construir, em contexto sempre adverso, a partir de fragmentos, pedaços, estilhaços que vão sendo combinados e organizados para dar um sentido positivo às existências. Parece hoje que a comunidade LGBTI+ é um dado natural da mera existência de pessoas LGBTI+, mas ela é fruto de um processo longo e complexo de construção de uma identidade subjetiva e coletivamente compartilhada em diversos níveis. É uma força potente de dotação de sentido, autoestima e resiliência diante de adversidades que certamente virão. E o movimento, que é fruto dessa comunidade, também terá por bandeira e efeitos principais fortalecer esses laços e essas identificações.

---

[8] No original: "*Unlike the members of minority groups defined by race or ethnicity or religion, gay men cannot rely on their birth families to teach them about their history or their culture. They must discover their roots through contact with the larger society and the larger world*".

Por qualquer um dos prismas que se utilize para observar a questão, fato é que parece haver uma convergência no sentido de que a formação de uma comunidade com uma subcultura em determinado território foi condição inescapável para coletivizar as experiências homoeróticas e alçá-las ao status de uma identidade estabilizada. No entanto, a empreitada de uma história LGBTI+ sem maiores delimitações certamente não seria uma tarefa possível nos limites deste livro. O recorte, portanto, é o da organização política, que pressupõe certo grau de adensamento do ativismo, de continuidade no tempo, de inserção relevante no debate público, de formulação de agendas de reivindicações e de um repertório de ações com o objetivo de conquistar mudanças culturais e institucionais.

À luz dessa perspectiva, a opção feita é a de analisar ativismos diversos desde o fim do século XIX até a atualidade, privilegiando três momentos e territórios: a Alemanha na virada do XIX para o XX, os Estados Unidos em meados do século XX e o Brasil de 1970 até nossos dias. A escolha é um tanto arbitrária e ocidentalizada, mas se justifica por algumas razões. As experiências alemã e estadunidense de ativismo se constituíram como marcos incontornáveis para as lutas LGBTI+. Além disso, há mais fontes e registros disponíveis sobre essas duas tradições de mobilização, até mesmo em virtude do peso geopolítico dessas nações. Sem a perspectiva de traçar uma linha de continuidade ou diminuir diferenças tão significativas entre cada caso, a ideia é ter um panorama desses ativismos LGBTI+, com suas possíveis aproximações e distanciamentos.

Nas páginas que se seguem, sem pretensão de esgotar um tema tão amplo, adotamos uma mirada panorâmica, em linguagem acessível a um público não especializado, trazendo uma forma, dentre tantas outras, de contar nossa história ou, ainda, de tornar nossas histórias mais definitivas.[9] Não há, portanto, objetivo aqui de realizar um trabalho historiográfico a partir de fontes primárias. A obra tem menos

---

[9] Aqui vale lembrar uma advertência de Chimamanda Adichie: "[...] a habilidade não apenas de contar a história de outra pessoa, mas fazer com que ela seja sua história definitiva" (ADICHIE, 2019, p. 23).

caráter acadêmico e mais uma intenção de contribuir com a difusão de um conhecimento ainda pouco circulado no debate público. E o diálogo com a história dos ativismos da diversidade sexual e de gênero é instrumento para, no último capítulo, analisarmos os desafios postos para o movimento LGBTI+ no momento atual. Afinal, como ensina Carole Paterman (2021. p. 13), "contar histórias de todos os tipos é a principal forma desenvolvida pelos seres humanos para atribuírem sentido a si próprios e à sua vida social".

Essencialismo *versus* construcionismo

O campo dos estudos de gênero e sexualidade tem sido organizado a partir de duas compreensões mais amplas sobre a origem e a explicação das práticas e identidades LGBTI+. Essas duas vertentes, ora em complementariedade, ora em aberta tensão, são centrais não apenas do ponto de vista teórico, mas também político. Ambas tiveram – e seguem tendo – importância fundamental para informar as diferentes táticas e estratégias do movimento LGBTI+ desde sua origem até os nossos dias. Vale dizer, de partida, que essas matrizes mobilizam argumentos de diferentes ordens, bem como diversas áreas de conhecimento para sustentar narrativas sobre a constituição de sujeitos LGBTI+. Mas isso ocorre de forma mais típico-ideal que empírica, pois, mais do que apenas posições antagônicas e excludentes entre si, elas organizam um largo espectro de posições intermediárias.

Dito isto, vejamos em que consistem tais entendimentos. De um lado, uma perspectiva essencialista postula que as identidades e comportamentos decorrem de atributos inatos e naturais (ou naturalizados) dos corpos. Gênero e sexualidade seriam categorias de classificação e de descrição com um significado fixo na história. Sob essa visão, o gênero seria sempre e invariavelmente binário, dividindo a espécie humana em homens e mulheres a partir de dados supostamente invariáveis atribuídos à natureza – cromossomos, anatomia do corpo, órgãos sexuais e reprodutivos etc. Os nomes – categorias de gênero masculino ou feminino – existiriam desde sempre, conformando um binarismo que atravessa todos os períodos históricos com relativa estabilidade.

A sexualidade seguiria a mesma lógica. Um homem que tenha mantido algum tipo de envolvimento sexual e/ou afetivo com outro homem, seja na Grécia Antiga, seja no Brasil contemporâneo, poderia ser categorizado como homossexual. A mesma coisa em relação às lésbicas, bissexuais ou pessoas trans. A orientação sexual e a identidade de gênero seriam uma característica adquirida com o nascimento, fazendo parte daquilo que se entende como uma essência do sujeito.

O melhor exemplo nacional do essencialismo, que entende a identidade enquanto atributo fixo e invariável, talvez seja Gabriela Cravo e Canela, personagem de Jorge Amado que foi eternizada pela interpretação de Sônia Braga na televisão e na voz de Gal Costa. O refrão da composição de Dorival Caymmi entoado pela cantora é a síntese de uma postura essencialista: "Eu nasci assim, eu cresci assim, e sou mesmo assim, vou ser sempre assim" – ou, em versão do pop estadunidense, o segundo álbum da Lady Gaga, lançado em 2011, com o título *Born this Way*. O destino torna-se, nessa tradição, apenas uma decorrência do nascimento: estaria tudo inscrito no código genético, nos dados biológicos, na própria natureza.

A perspectiva essencialista ofereceu contribuições importantes à história LGBTI+. Em primeiro lugar, porque permite compreender os traços de permanência das experiências homoeróticas pela história. Ela destaca linhas de continuidade entre atos, práticas e vivências que podem ser lidos em suas similitudes apesar das diferenças. Isso tem por efeito principal a criação de uma linhagem, de uma hereditariedade que é decisiva sob vários aspectos.

Evidenciam-se os rastros, em diversas temporalidades e contextos, que são capazes de restituir um passado aos sujeitos LGBTI+, que são comumente privados de um lugar na história e de referências próprias. Isso possibilita a construção de um repertório de antepassados, mitos e até heróis que, em tempos imemoriais, sustentaram seus desejos mesmo sob as condições mais adversas. Reforça-se, assim, a noção de uma subcultura que sobreviveu e resistiu às pressões de extermínio e de assimilação, mantendo uma identidade própria através das eras, inclusive com LGBTI+ que ofereceram contribuições importantes para a humanidade. Não à toa, foi comum ao movimento LGBTI+, em diferentes lugares, a tática de elaborar listas de homossexuais notáveis para reivindicar uma plena aceitação.

De alguma maneira, ao supor um lastro natural para os comportamentos, o essencialismo abriu espaço a uma posição estratégica de muita força para defender as existências LGBTI+. Afinal, como chamar de pecado, desvio ou doença aquilo que é produto da própria natureza ou da vontade divina e que sempre existiu na história da humanidade? Não se poderia, assim, classificar como uma escolha algo que é determinado por uma estrutura que antecede e atravessa o sujeito, não lhe deixando margem de decisão. Foi com base nesse raciocínio, inclusive, que o movimento LGBTI+, há poucas décadas, consagrou o termo "orientação sexual" no lugar de "opção sexual".

Nesse quadro mais amplo, o "assumir-se", também entendido como uma "saída do armário",[10] talvez tenha se tornado a mais importante arma de combate. À medida que as pessoas LGBTI+ assumem o que já são no seu íntimo, declarando e tornando pública a sua essência mais profunda, elas rompem o silenciamento e escapam da vergonha que lhes é imposta, mostrando que são parte de um grupo que ocupa diversos lugares na sociedade. Para gays, lésbicas e bissexuais, mostra-se mais viável operar o binômio transparência-opacidade de suas identidades, intercalando momentos de revelação e de clandestinidade dos desejos; já para pessoas trans, a corporeidade manifestada em associação à performance de gênero conforma identidades mais difíceis de ocultar ou encobrir.

Há, nessa postura, um teor separatista, ou seja, ao afirmar uma natureza específica, promove-se uma distinção e um descolamento

---

[10] O armário aparece como um dispositivo central no século XX para organizar o campo da sexualidade e, especialmente, da homossexualidade. Não há apenas um momento de assumir-se, mas uma interpelação que se repete e se renova em diferentes passagens da vida de uma pessoa LGBTI+: para quem, quando e como assumir-se. Enfim, o que mostrar e o que esconder são questões essenciais para essa complexa subjetivação (SEDGWICK, 2016).

em relação às pessoas não LGBTI+. Institui-se uma minoria estável e com limites claros em relação ao conjunto da sociedade. "Já nascemos assim" significa que há uma diferença de partida que demarca a singularidade dessa forma de existir e de desejar. Alguns estudos científicos, em diversas áreas de conhecimento, vão justamente buscar as raízes hormonais, fisiológicas, cromossômicas dessa especificidade, sem que tenham alcançado alguma conclusão mais definitiva e exitosa da tarefa até o momento.[11]

O essencialismo, portanto, foi um instrumento bastante útil para que LGBTI+ pudessem contrapor os discursos religiosos, legais, médico-científicos, jornalísticos e literários que defendiam – e produziam – a estigmatização de seus corpos. Foi por meio dele, não poucas vezes, que os movimentos LGBTI+ reivindicaram suas bandeiras e combateram as violências. No entanto, a despeito desses aspectos que credenciam o essencialismo, sobretudo em sua versão mais estratégica,[12] como uma lente com grande potencial tanto explicativo como político para o sistema sexo-gênero, tal visão perdeu espaço nas últimas décadas do século XX por diversas razões.

Primeiro, por haver uma certa inclinação a-histórica nesse olhar que prefere captar as continuidades e estruturas, mas que negligencia as mudanças e deslocamentos. Ao não atentar para as singularidades de cada contexto temporal e espacial, a redução de uma enorme gama de práticas e identidades a apenas um conceito descritivo atemporal compromete sua capacidade heurística. Como usar a mesma categoria para dar conta de tanta diversidade na história e no mundo? Há aí um risco evidente de se impor uma categoria localizada – no presente e em uma determinada cultura ou teoria – para a compreensão de

---

[11] Ver: https://bit.ly/3vD9V4R. Acesso em: 2 maio 2022.

[12] Sobre os reflexos na teoria política e no ativismo feministas, campos nos quais há um acúmulo maior nesse debate, Lea Tosold (2010, p. 175) afirma que "O essencialismo estratégico, portanto, ainda que tenha o mérito de colocar em questão a estagnação política motivada pela crítica do essencialismo, é baseado em um entendimento superficial das consequências do essencialismo para o projeto de politização de diferenças".

fenômenos variados sem dar conta das diferenças. Como usar uma mesma e única categoria para a Grécia antiga, a Europa medieval, o Brasil colonial e o Sul asiático na contemporaneidade?

Sem dúvida, é possível identificar experiências homoeróticas em realidades tão distintas entre si, mas os sentidos desse tipo de experiência em cada cultura são diferentes e nem sempre comparáveis entre si. Em outras palavras, ainda que práticas sexuais e eróticas semelhantes possam ser verificadas, não se pode falar na cristalização de uma identidade tal como se verá, por exemplo, em relação à homossexualidade apenas no fim do século XIX. Foucault aprofunda isso ao analisar como do amor entre rapazes e da prática de sodomia chega-se, na modernidade, a uma identidade homossexual: de um pecador temporário para um tipo de androginia interior, um hermafroditismo da alma.[13] O essencialismo, ao estabilizar e homogeneizar, parece perder de vista esses deslocamentos nada desprezíveis.

Em segundo lugar, uma essência trans-histórica pressupõe uma linearidade e uma teleologia pouco factíveis na realidade. Não se pode supor, sob o risco de grave anacronismo, que um rapaz que manifestava ou vivia um desejo por outro homem na Grécia antiga ostentava a identidade homossexual que viria a desembocar, em nossos dias, no reconhecimento dos direitos LGBTI+. Há mediações e transformações que não podem ser subestimadas na forma como as pessoas vivem seus desejos, na elaboração de sentidos em cada cultura, no estatuto que a sexualidade assume na vida social e no modo como os discursos vão nomeando esses sujeitos – e como estes vão agenciando suas vontades nessas estruturas.

---

[13] Para Foucault (1985, p. 50-51), "o homossexual do século XIX torna-se uma personagem: um passado, uma história, uma infância, um caráter, uma forma de vida; também é uma morfologia, com uma anatomia indiscreta e, talvez, uma fisiologia misteriosa. Nada daquilo que ele é, no fim das contas, escapa à sua sexualidade. [...] A homossexualidade apareceu como uma das figuras da sexualidade quando foi transferida, da prática da sodomia, para uma espécie de androgenia interior, um hermafroditismo da alma. O sodomita era um reincidente, agora o homossexual é uma espécie".

Nessa linha, a naturalização dos comportamentos sexuais e de gênero tem por efeito colateral, ainda, um certo apagamento ou diminuição da centralidade da cultura e do papel dos próprios sujeitos na conformação de suas identidades. Atirar tudo para um determinismo natural estrito retira qualquer margem para os agentes manifestarem suas convicções, crenças e intenções. Isso não apenas de um ponto de vista individual, mas também de um agenciamento coletivo na maneira como os valores são partilhados e disputados dentro de cada ordem social e sexual. Daí ter despontado, sobretudo a partir da segunda metade do século XX, o construcionismo enquanto uma leitura alternativa para o gênero e a sexualidade. Os grandes expoentes dessa vertente são, dentre outros, Simone de Beauvoir, Jeffrey Weeks, Thomas Laqueur, Michel Foucault e, mais recentemente, Judith Butler.

A despeito de significativas diferenças entre estes autores,[14] é comum a essa tradição considerar que gênero e sexualidade possuem uma inscrição na história e na cultura que é mais relevante do que as determinações dos códigos genéticos e biológicos. Aliás, em determinadas leituras, sequer a própria natureza teria existência autônoma e fora de um registro cultural.[15] As identidades estariam, sob essa visão, profundamente imbricadas no bojo das próprias práticas sociais, como resultantes de relações de poder em cada contexto. Daí, inclusive,

---

[14] Apesar do maior peso de leituras pós-modernas nos estudos de gênero e sexualidade, há também vertentes construcionistas que reivindicam o marxismo: "[...] o construcionismo social é, para os marxistas, tanto materialista quanto dialético. Em outras palavras, é baseado em um entendimento da história que vê os seres humanos como produtos do mundo natural e como capazes de interagir com seus arredores naturais; no curso de suas ações, os seres humanos mudam a si mesmos e ao mundo ao seu redor" (WOLF, 2021, p. 58).

[15] Exemplo bastante ilustrativo dessa perspectiva é a teoria *queer*, com especial destaque para uma de suas principais representantes, a filósofa Judith Butler. Para ela, acerca do debate sobre a relação entre sexo e gênero, uma versão específica da díade natureza *versus* cultura, "o gênero não está para a cultura como o sexo para a natureza; ele também é o meio discursivo/cultural pelo qual a 'natureza sexuada' ou 'um sexo natural' é produzido e estabelecido como 'pré-discursivo', anterior à cultura, uma superfície politicamente neutra *sobre a qual* age a cultura" (BUTLER, 2016, p. 27).

falar-se em construcionismo: não há nada invariável ou perene, tudo é fruto de um processo de construção histórica e cultural.[16]

Os sujeitos seriam, assim, atravessados por estruturas com as quais interagem e negociam no seu processo de subjetivação. O gênero e a sexualidade não escapariam dessa forma mais geral de compreensão do indivíduo na história. A biologia e a natureza não seriam mais destinos – e tampouco pontos de partida – imutáveis. Nada mais poderia ser considerado transcultural; antes, tudo é definido pela e na história. A primeira consequência dessa perspectiva é trazer para o primeiro plano as transformações e deslocamentos. A cada conjuntura, é preciso compreender as especificidades: não há categoria descritiva capaz de atravessar, sem modulações, os tempos e territórios. Isso significa que nem todo ato erótico entre pessoas do mesmo sexo pode ser encarado da mesma maneira ou como mesmo efeito das relações de poder.

Outro aspecto importante é a visão mais integrativa do construcionismo (SEDGWICK, 1990). Somos, de partida, todos iguais, o que muda são nossas trajetórias, pressões externas, condições sociais e escolhas subjetivas. Há, portanto, um tom mais universalizante: tudo é fruto de contingências históricas e culturais. Nesse sentido, não há uma minoria apartada e estável, mas variações de acordo com a infinita pluralidade dos desejos e identidades possíveis. Isso não significa dizer que toda experiência nos campos da sexualidade e de gênero seja redutível a uma escolha, livre, consciente e deliberada do sujeito. Construção não é apenas opção intencional. E, além disso, há constrangimentos de um ambiente – sempre heterogêneo e atravessado por conflitos – que condicionam essas escolhas. A tônica do argumento é a desnaturalização e a inscrição radical na história e na cultura, afastando qualquer essencialização do debate.

Como anunciado anteriormente, esses dois olhares, o essencialismo e o construcionismo, não estão posicionados necessariamente em um

---

[16] Nessa linha, as identidades são bem menos estáveis e fixas do que imaginamos ou desejamos. Para Hall (2006, p. 13), "a identidade plenamente unificada, completa, segura e coerente é uma fantasia".

espectro ideológico pré-definido. A despeito de o construcionismo ter se afirmado em ruptura e até contra o essencialismo, ambos podem ser – e vêm sendo – apropriados tanto por perspectivas conservadoras quanto progressistas. O movimento LGBTI+, em suas origens – como será visto mais adiante –, adotou argumentos essencialistas em sua luta política para justificar a naturalidade das relações entre pessoas do mesmo sexo.[17] Mais recentemente, no entanto, uma parcela significativa do ativismo – e de seus teóricos de referência – foi migrando para uma perspectiva mais construcionista. De outro lado, setores religiosos fundamentalistas, na atualidade, muitas vezes assumem um olhar construcionista que enxerga a orientação homossexual e as identidades de gênero dissidentes não como determinação da natureza, mas como algo antinatural. Daí defenderem que tais comportamentos constituem "falha moral", "desvio de caráter" ou, ainda, "pecado".

Essencialismo e construcionismo são duas formas de entendimento e de leitura dos debates teóricos e políticos que organizam os campos do gênero e da sexualidade. Mas não só. São dois vetores que, tanto em tensão quanto em complementaridade, também pautaram as formulações e estratégias do próprio movimento LGBTI+ em seus diversos momentos. Esta é a razão de iniciarmos este livro com esta breve apresentação das correntes, que será fundamental

---

[17] Usar a naturalização das existências LGBTI+ para reivindicar aceitação e tolerância parece, à primeira vista, uma saída bastante astuta. Não à toa, o protoativismo do fim do século XIX adotou essa linha e com resultados significativos, já que todas as legislações classificavam os comportamentos homoeróticos como "antinaturais". Mas há o enredamento em uma cilada aí: homossexuais só devem ser respeitados porque decorrem da própria natureza? Para quem e por que é preciso justificar a origem de uma orientação sexual ou identidade de gênero? Ou seja, há uma armadilha que acaba trazendo o debate para o campo dos conservadores: diante da acusação de antinatural, temos de justificar e convencer de que é natural. Assume-se a lógica da própria opressão para não fazer um debate político sobre o dever de respeito. Talvez o mais importante seja mesmo afirmar que não há associação direta com a natureza e que não precisa ter. Sendo uma construção social e cultural, mais ou menos marcada pela própria vontade do sujeito e por seu poder – sempre limitado – de escolha, merece reconhecimento e direitos como qualquer outro cidadão.

para compreender os discursos, as agendas e a atuação da militância LGBTI+ desde seu surgimento até nossos dias.

Colocação do sexo em discurso: um campo em disputas

A perspectiva construcionista que alcançou maior projeção tem sido, sem dúvidas, centrada no conceito de discurso.[18] Inspirada por uma lógica pós-moderna, ela traz a linguagem – em vez do trabalho – para o centro da cena.[19] Sem adentrar aqui pelos complexos meandros do estruturalismo e do pós-estruturalismo francês, fato é que um dos mais importantes expoentes dessa linhagem para o tema da sexualidade é Michel Foucault. Na base de sua compreensão sobre o sexo, encontra-se uma nova analítica do poder: este não seria uma coisa, substância ou matéria que se detém e que se transfere. O poder é sempre relacional e multicêntrico, com redes compostas por diversos pontos de densidades distintas. Além disso, o poder não se resume à interdição ou proibição, há uma dimensão positiva e produtiva que não pode ser subestimada. Há, ainda, uma articulação íntima entre saber, prazer e poder capaz de constituir e gerir indivíduos e populações (FOUCAULT, 1985).

Estes postulados centrais propiciam um alargamento na forma de encarar a própria sexualidade. A importância que é dada à

---

[18] Discurso, numa perspectiva foucaultiana, pode ser compreendido a partir das seguintes linhas: "a) o discurso é uma prática que provém da formação dos saberes e que se articula com outras práticas não discursivas; b) os dizeres e fazeres inserem-se em formações discursivas, cujos elementos são regidos por determinadas regras de formação; c) o discurso é um jogo estratégico e polêmico, por meio do qual constituem-se os saberes de um momento histórico; d) o discurso é o espaço em que saber e poder se articulam (quem fala, fala de algum lugar, baseado em um direito reconhecido institucionalmente); e) a produção do discurso é controlada, selecionada, organizada e redistribuída por procedimentos que visam a determinar aquilo que pode ser dito em um certo momento histórico" (GREGOLIN, 2007, p. 4-5).

[19] Para uma crítica de inspiração marxista ao "idealismo linguístico" da pós-modernidade, ver: WOLF, 2021, p. 228 e seguintes.

comunicação – ou, ainda, a uma "política da língua e da palavra" – traz para o primeiro plano os discursos, aqui entendidos não apenas como palavras emanadas por sujeitos e que designam coisas. Antes, trata-se de estruturas da linguagem que são permeadas e, ao mesmo tempo, constitutivas das relações de poder. Nesse entrelaçamento, há um inescapável efeito performativo: nomear uma coisa também significa construir e localizar socialmente aquilo de que (ou com que) se fala, bem como aquele que fala. Sujeitos e objetos têm seus sentidos e posições definidos por meio de discursos, que não apenas descrevem, mas nomeiam e constituem as identidades.

Por exemplo, dizer que uma pessoa é "invertida", "pecadora" ou "homossexual" não é apenas um modo de se referir externamente a ela ou reconhecer uma suposta natureza ou uma essência íntima, mas sobretudo uma operação que aloca essa pessoa em um lugar social em relação à norma. Há, nesse processo, a constituição de um sujeito, com o duplo sentido que este termo carrega: alguém com ação e autonomia, mas também assujeitado pelas relações de poder. Essa atribuição de sentidos que conformam uma identidade vem, inicialmente, desde fora e não de dentro, como ideologicamente querem nos fazem crer. Somos interpelados e agenciamos, dentro de nossos limites e capacidades, ao que outros nos fazem descobrir sobre nós mesmos. Um complexo regime regulatório, composto de dimensões materiais e ideológicas, estrutura um verdadeiro laboratório de subjetividades que nos fazem "ser quem somos".[20]

Nessa linha, tomamos consciência de que que somos dissidentes à norma-padrão da sociedade pelos diversos avisos e lembretes, carregados sempre de hostilidades e violências, que nos chegam desde a mais tenra infância: "menininha", "viadinho", "bichinha" são os xingamentos mais comuns para meninos. Somos feitas e feitos de estereótipos que fazem nascer um Outro dissidente da norma e um risco

---

[20] Não se deve confundir subjetividade com a noção de um sujeito fixo, sob risco de reificação da subjetividade como se cristalizada fosse na figura jurídica da pessoa ou do indivíduo. Tomamos uma noção de subjetividade que veicula uma noção de autonomia do sujeito conjugada com um assujeitamento; há, portanto, modos de dominação e modos de agência combinados entre si.

para a normalidade. O "choque da injúria", para usar uma expressão do filósofo Didier Eribon, é uma experiência constitutiva central em qualquer pessoa LGBTI+. Ela pode se consumar em um ato concreto de violência ou permanecer, virtualmente, no horizonte como uma ameaça. Nem sempre a injúria precisa ser proferida e realizada, mas ela sempre estará ali presente. Há uma antecipação da violência como preocupação central e persistente nessas subjetividades dissidentes. Por esta razão, aprendemos a fazer uma gestão diária e individual do medo e da vergonha.

A injúria, assim, não é apenas uma fala que descreve, mas expressa um domínio, um poder de ferir daquele que pode nomear sobre o outro, que é, então, objetificado. Como sabemos, a nomeação do desvio é uma operação de afirmação da norma, traçando uma linha divisória entre os que estão incluídos e aqueles que são excluídos do reconhecimento da dignidade e da proteção aos direitos. Operando como um enunciado performativo, segundo Didier Eribon, a injúria diz o que somos na medida em que nos faz ser o que e quem somos. Essa onipresença do insulto, que está sempre às voltas dos corpos LGBTI+ como ameaça potencial ou concreta, é um dos traços mais comuns dessa comunidade. Por séculos, acusados de pecadores nas Igrejas, de doentes nos hospitais e manicômios, de criminosos no sistema penal e prisional, de ameaçadores à ordem pública e aos bons costumes pelos poderes estatais, LGBTI+ foram permanentemente atravessados pelos discursos e práticas de controle político e sexual de suas subjetividades.

Chamados de anormais, pervertidos, doentes, criminosos, desviantes, bichas, "homens femininos demais" e "mulheres masculinas demais" foram identificados, classificados e catalogados pelos dispositivos de poder, desde formas mais sutis de disciplina, muitas delas pretensamente "científicas", até os modos mais crus de violência. Deste modo, discursos de diversas ordens conjugaram-se, historicamente, para consolidar representações sociais depreciativas das homossexualidades, produzindo identidades estigmatizadas e naturalizando as práticas de controle e violência. Em determinados períodos, prevaleceu um discurso religioso que enquadrava as sexualidades e os gêneros dissidentes como pecados. Em outros momentos, emergiram com maior força os discursos médico-científicos que os rotulavam como patologia ou doença. Por vezes, tornaram-se hegemônicas as visões jurídicas e criminológicas que reforçavam a associação das homossexualidades a crimes e contravenções. Sem falar nos discursos jornalísticos e literários que contribuíram para decantar, culturalmente, estereótipos das pessoas LGBTI+. Todos esses discursos, a despeito dos pesos diferenciados e das eventuais disputas por espaço que tiveram nos diversos momentos históricos, reforçaram-se mutuamente e potencializaram a discriminação sexual e de gênero.[21]

Assim, a identidade LGBTI+ é, em um primeiro momento, uma imposição dos poderes e discursos que constituem as subjetividades, atravessam os corpos e normalizam os desejos. Mas essa mesma identidade foi sendo ressignificada e disputada, tornando-se também suporte para a ação política e a conquista dos direitos de igualdade. O mesmo dispositivo capaz de impor a vergonha foi – e tem sido – aquele que lançou as bases para emergir o orgulho, como se verá mais adiante.

Um sistema de sexo, gênero e desejo: a verdadeira "ideologia de gênero"

Antes, contudo, de analisar os efeitos da máxima foucaultiana segundo a qual "onde há poder, há também resistência", vale compreender melhor os traços do sistema de sexo, gênero e desejo – dentro do qual orientação sexual e identidade de gênero se manifestam[22]

---

[21] No século XIX, contudo, essa repressão alcança um outro patamar: "enquanto as sociedades de classe anteriores proibiam certas atividades sexuais, o nascente Estado capitalista e seus defensores nos campos da medicina, do direito e da academia entraram em cena para definir e controlar a sexualidade humana de maneiras inimagináveis até então. Esses profissionais do século XIX – quase todos homens brancos – refletiram os interesses e os preconceitos da classe média em ascensão" (WOLF, 2021, p. 41).

[22] Uma definição elementar e bastante difundida: a orientação sexual é o direcionamento da atração física/romântica/sexual a um gênero ou independente

–, estruturado a partir da convergência das discursividades acima analisadas. Todo esse complexo discursivo não foi uma construção aleatória e casual. Trata-se de uma ordenação social e sexual que busca cristalizar posições e valores bem definidos. Nesse sentido, há o governo de uma ideologia de gênero e sexualidade que, por séculos, tem organizado a nossa sociedade. Diferentemente do espantalho criado por setores conservadores de uma suposta "ideologia de gênero" (MISKOLCI; CAMPANA, 2017), aqui estou falando de um sistema que interpela e constitui os sujeitos a partir de alguns princípios elementares que definem o que é a normalidade.

O primeiro desses princípios é o binarismo de sexo e de gênero.[23] Antes mesmo de nascermos, somos atravessados por questionamentos feitos às pessoas gestantes, tais como se "é menino ou menina". Esta pergunta, aparentemente inofensiva, não diz respeito apenas à cor do enxoval, se azul ou se cor de rosa. Muito mais do que isso, trata-se de uma interpelação que busca classificar um corpo que sequer existe a partir apenas de sua genitália. Se tem pênis, será menino; se tiver vagina, será menina. E o registro civil deve seguir a determinação médica. No entanto, há um número significativo de corpos que não se encaixam nesse binarismo redutor das múltiplas possibilidades de existência. Pessoas que nascem com traços cromossômicos, genitais, anatômicos de ambos os sexos, mas que acabam sofrendo mutilações precoces. É o fenômeno da intersexualidade, ainda pouco tratado pelos conhecimentos jurídicos e

---

de gênero, bem como a ausência de atração; a identidade de gênero é auto percepção de gênero do indivíduo, é como a pessoa expressa seu gênero para a sociedade; e, por fim, o sexo é sobre características cromossômicas, gonadais, fisiológicas, morfológicas e genitais da pessoa, que não se correlaciona com nenhum dos conceitos anteriores, pois cada um coexiste de maneira independente.

[23] Para a complexa e um tanto controversa distinção entre sexo e gênero, ver: SCOTT, 1995; CONNELL, 2015. Para uma discussão sobre o sistema sexo-gênero entendido como os arranjos por meio dos quais uma sociedade transforma a sexualidade biológica em produto da atividade humana, ver RUBIN, 2017.

médicos hegemônicos.[24] Além disso, as pessoas podem, em qualquer estágio de suas vidas, não se identificar com o sexo atribuído no nascimento, fazendo uma transição para viver plenamente sua própria identidade de gênero, ou seja, o modo como a pessoa se percebe nas tramas e normas que definem o que é ser homem ou ser mulher em nossa sociedade. Dessa forma, se uma pessoa tem uma identidade de gênero que corresponde ao sexo atribuído no nascimento, ela pode ser classificada como cisgênera; de outra maneira, se a pessoa não possui uma identidade de gênero que corresponda ao sexo atribuído no nascimento, ela pode ser definida como uma pessoa trans, que pode ser binária (caso se identifique como homem ou como mulher), ou ainda não binária.

O binarismo, no entanto, não organiza duas posições equivalentes e simétricas, mas, antes, hierárquicas entre si. Masculino é tido como superior em relação ao feminino. Ao masculino, atribuímos características inatas e expectativas sociais tais como a força, a virilidade, a sexualização, a violência, a razão, a capacidade de trabalho e de decisão; já do feminino, esperamos passividade, fraqueza, frigidez, dependência, emoção, aptidão para trabalhos domésticos e do cuidado (WELZER-LANG, 2001). Os gêneros, assim, não são decorrências diretas de um sexo supostamente natural ou de determinações biológicas inscritas no corpo. Antes, masculinidade e feminilidade constituem-se como citações paródicas de comportamentos sancionados e historicamente consagrados, como atos performáticos que reproduzem – ou questionam – signos, gestos, atos e normas sociais de gênero e de sexualidade.[25]

Note-se, portanto, que a espécie humana é repartida e estabilizada em dois polos com funções não apenas diferentes, mas desiguais na

---

[24] Ver site da Associação Brasileira Intersexo: https://abrai.org.br/. Acesso em: 2 maio 2022.

[25] BUTLER, 2016, p. 238-239. A autora ressalta a importância do conceito de "iterabilidade" para a compreensão dos modos não determinísticos de atuação das normas, como uma repetição performada a partir da agência dos sujeitos e que permite ir além tanto do determinismo quanto do voluntarismo na performatividade de gênero.

valoração e no prestígio a eles culturalmente atribuídos. Algumas autoras vão designar essa estrutura de desigualdade entre os gêneros de patriarcado ou, ainda, de viriarcado – o poder da virilidade.[26] Como demarca posições diferentes, a polaridade masculino *versus* feminino vai além da dimensão da orientação sexual, impondo também o estigma da inversão de gênero, que recai de modo particular sobre pessoas trans.[27] Mas pode-se ir além. Ambas as posições são apresentadas não apenas como diferentes, mas também como se fossem antagônicas e complementares: o que falta no feminino sobra no masculino; inversamente, aquilo que falta ao masculino sobra ao feminino. Tal constatação tem uma consequência direta e imediata, que é a da perfeita complementaridade entre o homem e a mulher. Afinal, se seguirmos o modo lógico e coerente como a ideologia de gênero apresenta essas posições identitárias, a conclusão inescapável é a de que a única união sexual, afetiva e conjugal seja entre um homem e uma mulher. Destaque-se, aqui, que os papéis sociais complementares se sobrepõem até mesmo à reprodução sexuada, muitas vezes apontada como fundamento natural e impositivo para a diferenciação sexual.

Tal regime regulatório dos desejos e das formações familiares tem sido chamado de heteronormatividade compulsória (BUTLER, 2016) ou, ainda, de evidência heteronormativa (ERIBON, 2008). A ideia de evidência cabe, aqui, perfeitamente, por remeter a algo que diz por si só, que não demanda explicação ou justificativa. Quem, sendo heterossexual e/ou cisgênero, teve que, em algum momento de sua vida, chegar para a família, os amigos, os colegas de trabalho

---

[26] Sobre o conceito de patriarcado aplicado ao Brasil e em nosso pensamento social: AGUIAR, 2000. Em relação à imbricação entre capitalismo e patriarcado, vale ver: MIGUEL, 2017. Já sobre o conceito de viriarcado, ver: FALQUET, 2014.

[27] A rigor, inversão de gênero e inversão sexual remetem a aspectos distintos e independentes entre si, referenciadas na identidade de gênero e na orientação sexual respectivamente. No entanto, a forma de constituição de um sistema sexo-gênero acaba impondo certas misturas e confusões entre essas dimensões da existência humana. A história das identidades LGBTI+ passa, em grande medida, pela progressiva desarticulação – nunca plenamente consumada – entre a inversão de gênero e a inversão sexual, como veremos.

e dizer: "Refleti, experimentei, vivenciei, me angustiei e decidi me assumir... heterossexual e/ou cisgênero"? Muito provavelmente, a nenhum heterossexual e/ou cisgênero foi imposto esse dever moral de assumir-se ou sair de um armário, já que seu comportamento e sua identidade se alinham à norma. Para pessoas LGBTI+, contudo, esse processo de revelar-se é recorrente e se renova a cada ambiente e grupo social com que se interage. Em outras palavras, apenas quem desvia – e desafia – aquilo que é instituído pela norma é que deve se expor, com todos os riscos e violências que isso implica.

De acordo com a clássica noção de heteronormatividade de Berlant e Warner (2002, p. 230),

> [...] entendemos aquelas instituições, estruturas de compreensão e orientações práticas que não apenas fazem com que a heterossexualidade pareça coerente – ou seja, organizada como sexualidade –, mas também que seja privilegiada. Sua coerência é sempre provisional, e seu privilégio pode adotar várias formas (que às vezes são contraditórias): passa desapercebida como linguagem básica sobre aspectos sociais e pessoais; é percebida como um estado natural; também se projeta como um objetivo ideal ou moral.

Há, portanto, nessa ideologia de gênero, aquilo que Butler chamou de uma "ordem compulsória" de sexo, gênero e desejo (BUTLER, 2016). A criança cujo corpo foi assinalado, no nascimento, como sendo do sexo feminino deve se comportar socialmente como mulher e precisa desejar sexualmente um homem. Já a criança que foi designada como sendo do sexo masculino deve se comportar como um homem e desejar as mulheres. Impõe-se, com isso, uma linearidade forçosa entre as diversas dimensões de nossas existências.

Esta é a matriz de inteligibilidade que organiza a lógica e a coerência do sistema sexo-gênero-desejo, conferindo sentido aos corpos, identidades e práticas. Qualquer desvio em relação a esses princípios elementares torna-se alvo de uma ação normalizadora do poder. Sob essa perspectiva, a violência não é a exceção, mas a regra elementar de estruturação desse sistema, seu curso normal de funcionamento. Quando uma pessoa LGBTI+ é assassinada ou ultrajada, violentada física ou psicologicamente, isso não se deve a um sadismo, a um ato de preconceito individual, a uma fatalidade. Antes, trata-se de uma violência com pretensão normalizadora que busca reconduzir aquele corpo e aquela identidade ao lugar do qual não deveriam ter saído: o da "normalidade".

Tal deslocamento na compreensão da LGBTIfobia enquanto um sistema dotado de racionalidade e operado essencialmente pela violência escancara o caráter simultaneamente estrutural, institucional e individual do fenômeno.[28] Usamos estrutural, aqui, não para desresponsabilizar sujeitos, mas para destacar que há uma inércia e uma tendência à continuidade na sobrevivência do próprio sistema: se não houver ação política individual e coletiva em sentido contrário, a violência seguirá estruturando as ordens social e sexual. Nesse sentido, o central aqui não é a intencionalidade do agente. Se não lutamos ativamente contra ele, terminamos por endossar e reforçar a LGBTIfobia. Em outros termos, parafraseando aqui Angela Davis, em uma sociedade LGBTIfóbica, não basta não ser LGBTIfóbico, é preciso ser antiLGBTIfóbico. Daí a importância do ativismo para combater a matriz da LGBTIfobia, tema que passaremos a analisar nas próximas páginas.

---

[28] Reflexões importantes sobre o racismo estrutural que, a despeito das diferenças, nos ajudam a compreender a LGBTIfobia estrutural estão em: ALMEIDA, 2020.

PARTE 2

2

O surgimento de um (proto)ativismo organizado na Alemanha

O nascimento da identidade homossexual no século XIX

A construção da identidade homossexual no final do século XIX é fundamental sob diversos aspectos. Primeiro, porque marca a ascendência de um discurso médico-científico, na onda do positivismo em voga, com a pretensão de racionalizar o campo da sexualidade humana. Não haveria mais uma questão predominantemente religiosa ou jurídica, mas um quadro clínico e diagnóstico que deveria receber um tratamento atento às causas daquela "patologia" ou "inversão". De um pecado contra a natureza migra-se para um distúrbio hormonal ou mental de fundo orgânico.

A identidade nasce, assim, sob o signo de uma doença. A palavra homossexual é utilizada pela primeira vez em uma carta escrita por um ativista pela reforma sexual e médico teuto-húngaro, Karl-Maria Benkert (que adotou o sobrenome Kertbeny após 1847), endereçada ao jurista Karl Heinrich Ulrichs. Datada de 6 de maio de 1868, a correspondência trazia pela primeira as palavras "homossexual" e "heterossexual" ao lado de outros conceitos.[29] Para

---

[29] KATZ, 1995, p. 52. Apesar de aparecerem juntos aos termos, a verdade é que "levou mais de duas décadas após a invenção da 'homossexual' para que

Halperin (2002), a definição de homossexualidade absorve noções psiquiátricas de perversão, psicanalíticas de objetos de desejo e sociológicas de comportamento desviante, sendo produto dessa articulação epistemológica e política na conformação de uma nova identidade. Em outras palavras,

> [...] o que chamamos de "homossexualidade" (no sentido de distinguir traços próprios dos "homossexuais"), por exemplo, não era considerado um conjunto unificado de atos, muito menos um conjunto de qualidades que definia pessoas específicas, em sociedades pré-capitalistas [...] heterossexuais e homossexuais estão envolvidos em "papéis" e atitudes que pertencem a uma determinada sociedade, o capitalismo moderno (DUBERMAN, 1989, p. 20).

Esse processo de construção identitária valeu-se de elementos das antigas relações sociais, ressignificando-os a partir das novas formas de sociabilidade que só emergiram com o capitalismo industrial. Os grandes centros urbanos e financeiros possibilitaram o anonimato e a intimidade.[30] O individualismo recrudesceu, propiciando vidas apartadas das estruturas familiares e a experimentação de práticas sexuais alternativas.[31] Jovens se libertavam da tirania das famílias e pequenas comunidades para alcançar, em um contexto de trabalho livre e assalariado, a independência financeira e novas

---

médicos começassem a escrever sobre o 'heterossexual'. A ideologia burguesa moderna presume que não precisamos traçar a genealogia da heterossexualidade porque ela deve ser um conceito e uma prática atemporais. Mas assim como a homossexualidade foi inventada, a heterossexualidade também foi" (WOLF, 2021, p. 61).

[30] "De fato, foi o capitalismo que deu origem à individualidade moderna e às condições para que as pessoas tenham vidas íntimas com base no desejo pessoal, uma ruptura histórica em relação ao poder da igreja e da comunidade feudais, que antes organizavam os casamentos" (WOLF, 2021, p. 38).

[31] Em uma perspectiva marxista, pode-se apontar que "a família nuclear hoje fornece à classe dominante um meio barato para a alimentação e preservação da força de trabalho atual e para a criação e disciplinamento da próxima geração de trabalhadores" (WOLF, 2021, p. 53).

possibilidades de vida.[32] A emergência de uma identidade única, além do deslocamento para o campo médico, implicou a redução da complexidade do fenômeno da sexualidade. As várias designações que davam nome e sentido a experiências diversas de gênero e sexo, cada vez mais, centram-se em torno de uma identidade única que forja, em torno de si, um novo sistema de classificação.[33] Graças ao centramento da homossexualidade é que se erige a naturalização da heterossexualidade compulsória.[34] Mais uma vez, os desvios constituindo a norma, e não o contrário.

Ao mesmo tempo em que se sofisticava a compreensão da homossexualidade a partir de uma investigação com pretensão científica, esvaziava-se progressivamente a legitimidade de outros discursos. Ainda que não estejam efetivamente superados até hoje, religião, direito, criminologia, jornalismo vão cedendo o lugar de maior prestígio social à patologização da homossexualidade. Mas esta patologização tem um efeito colateral importante: se parte hegemônica do campo médico vai reforçar o estigma que já assolava o desejo homoerótico por outras vias, emergirá a partir de então uma

---

[32] Uma interpretação sobre a articulação entre capitalismo e identidade gay pode ser encontrada em D'Emilio (2021, [s.p.]): "Em torno da segunda metade do século XIX, essa situação estava visivelmente se transformando à medida que o sistema de trabalho livre capitalista se consolidava. Apenas quando os indivíduos começaram a tirar sua sobrevivência de seu trabalho assalariado, no lugar de uma unidade familiar interdependente, foi possível para o desejo homossexual se converter em uma identidade pessoal – uma identidade baseada na habilidade de se permanecer fora da família heterossexual e de construir uma vida pessoal baseada na atração do indivíduo pelo seu mesmo sexo".

[33] Nas palavras de Foucault (1985), trata-se de uma ascendência progressiva da *scientia sexualis* contra a *ars erotica*.

[34] Segundo Katz (1995, p. 12): "Os termos heterossexualidade e homossexualidade significam historicamente formas específicas de nomear, falar sobre, valorizando e organizando socialmente os sexos e seus prazeres" [tradução nossa]. No original: "*Terms heterosexuality and homosexuality signify historically specific ways of naming, thinking about, valuing, and socially organizing the sexes and their pleasures*".

sexologia que vai se valer do mesmo apelo da crença na ciência para defender a naturalidade dessa identidade recém-criada.

A partir do momento que o campo científico vai se tornando o terreno comum – e mais central – do debate em torno das sexualidades dissidentes, com um discurso visto como mais autorizado sobre o tema, uma fratura acaba se instaurando. De alguma maneira, o tiro da patologização sai também pela culatra, já que deslocou o debate do campo moral e jurídico para o científico. Se a lei era a fonte da criminalização, baseada na suposição de que os atos homossexuais eram antinaturais, a defesa da naturalidade desses comportamentos por médicos compromete a validade da própria legislação. Ao instituir uma nova régua para aferir a legitimidade de práticas e identidades sexuais, a medicina passou a ser disputada. De arena de normalização, converteu-se em um palco privilegiado das tensões e embates entre concepções distintas e até contrapostas da sexualidade.

É nesse contexto que emergirá o campo da sexologia com epicentro na Europa, especialmente na Inglaterra e na Alemanha. Autores como Havelock Ellis, Richard von Krafft-Ebing e Magnus Hirschfeld foram, cada um a sua maneira e a sua teoria, fundamentais para repensar a etiologia (origem e causas) da homossexualidade. A partir dessas formulações aparentemente teóricas do campo médico, mas com profundas implicações políticas é que emergiu um ativismo organizado com constância, agenda, estratégia, política de comunicação, alianças e adversários bem definidos. A construção dessa identidade foi a base para o surgimento do protoativismo do fim do século XIX. Esta primeira geração do movimento por libertação sexual é fruto de condições muito específicas e que não tinham amadurecido até então.

Adensaram-se comunidades, culturas e políticas engajadas na liberação sexual. Sem diminuir a coragem daqueles e daquelas que se levantaram contra as normas de gênero e sexualidade antes, fato é que as iniciativas anteriores eram de agenciamentos e transgressões mais pontuais e isoladas, sem lastro em um processo coletivo com o objetivo de mudanças sociais, institucionais e culturais mais profundas. As articulações em torno da bandeira da descriminalização deram um novo horizonte para as existências LGBTI+. De um lado, havia uma profusão de publicações literárias, jornalísticas e científicas defendendo, no debate público e acadêmico, a naturalidade das relações e identidades homoeróticas. De outro, emerge uma organização cada vez mais consistente de iniciativas de pressão aos poderes públicos com campanhas e *lobby* que vão produzindo novas percepções e olhares.

O palco privilegiado para essas disputas foram as grandes cidades. O avanço do capitalismo e do processo de urbanização pós-revolução industrial aglutinou contingentes enormes de pessoas em um mesmo território. Isto permitiu, junto ao processo de identificação acima apontado, a construção de uma subcultura LGBTI+ como lócus de liberação que valida experiências individuais, lança as bases de uma rede coletiva de códigos e significados compartilhados e tensiona com noções tradicionais de sexualidade.[35] Há, portanto, o fortalecimento de uma resistência à cultura hegemônica e heteronormativa. Uma coisa é ter um desejo sexual fora da norma; outra é realizar esse desejo por práticas sexuais concretas com outras pessoas; outra, ainda, é construir uma identificação – individual e coletiva – a partir desse desejo que permite uma organização pela mudança da realidade. Este é o caminho do ativismo que percorreremos a partir daqui.

Condições de surgimento de um protoativismo na Europa

O contexto do século XIX é marcado, por um lado, pelo colonialismo e o eurocentrismo; por outro, por um processo de

---

[35] Vale pontuar, contudo, que a cidade nunca pode ser compreendida enquanto uma espacialidade homogênea. Antes, o território urbano é lócus de produção social de diferenças e também de desigualdades. Por esta razão, o cruzamento entre sexualidade e cidade permite pensar diversos modos de marginalização socioespacial, territorial e regional. Para um aprofundamento dessas discussões, ver: PUCCINELLI, 2017; PUCCINELLI; REIS, 2020; MAIA; SANTOS; ASSUMPÇÃO, 2017; AGIER, 2011.

desencantamento do mundo e de crença na razão. Ambos são importantes para compreender a emergência do protoativismo. Max Weber vai caracterizar como desencantamento do mundo a dinâmica segundo a qual as pessoas começaram a colocar em questão fórmulas míticas, forças ocultas e valores transcendentais para justificar e dar sentido a suas ações (PIERUCCI, 2004). A ciência, com a ascensão do positivismo, desloca o fundamento da legitimidade para uma dimensão terrena. Isso tem profunda implicação na forma de se compreender a sexualidade de modo geral, e as dissidentes de modo particular.

Assim, ainda que a religião seguisse regulando dimensões importantes da vida social, ela estava perdendo espaço para visões pautadas pelo racionalismo. Como apontado, a sexologia enquanto um ramo da medicina emergirá precisamente nesse contexto, concebendo novas categorias clínicas para descrever identidades e condições com base em observação e pesquisas a partir da metodologia científica. Tal deslocamento abriu uma janela importante para a compreensão da homossexualidade em um novo registro: não se tratava mais de um pecado, mas de um quadro explicado a partir de variáveis biológicas e fisiológicas, mas também sociais.

Ainda que, de um lado, parte da medicina acabasse usando desse discurso agora científico para patologizar as sexualidades desviantes, prescrevendo inclusive tratamentos ao diagnóstico, outra parcela de médicos e pesquisadores construíram explicações que naturalizavam esses comportamentos e identidades. Ou seja, ainda que indesejáveis e moralmente problemáticos, seriam fruto de uma predisposição genética ou condição hormonal.[36] Conforme vimos anteriormente, se as religiões enxergavam na homossexualidade uma fraqueza moral do sujeito ou mesmo sua escolha deliberada pelo pecado, a medicina verá o mesmo fenômeno como algo não a

---

[36] "Em Paris e em Berlim, na década de 1870, médicos e especialistas jurídicos examinaram um novo tipo de 'degeneração' para determinar se essas pessoas deveriam ou não ser responsabilizadas por suas ações" (WOLF, 2021, p. 60).

ser condenado de partida, mas estudado e conhecido para se poder mapear as causas naturais que o determinam.

O colonialismo é fundamental porque, além de se tratar de uma dominação geopolítica e militar, ele também se manifesta em uma hegemonia cultural e epistemológica. Mesmo depois da independência dos países americanos, o imperialismo europeu seguiu influente, de diversas maneiras, nessas nações, além de ter se expandido para novas fronteiras na África e na Ásia. Essas relações desiguais de poder conferiram uma centralidade para a Europa em todo o mundo.

O imperialismo ocidental significou a imposição de uma determinada ordem de gênero, sexualidade e raça, conjugando três temas centrais: "a transmissão do poder masculino branco através do controle das mulheres colonizadas; o surgimento de uma nova ordem global de conhecimento cultural; e o comando imperial do capital mercantil" (MCCLINTOCK, 2010, p. 15). Assim, exportou-se para os países colonizados também uma visão sobre as sexualidades dissidentes, já que esse era um tema central para o projeto colonial. Religião católica e direito liberal combinaram-se para produzir um aparato de regulação que enquadrava as homossexualidades ora como pecado, ora como crime.

No século XIX, como visto, a perda de espaço do discurso religioso acaba colocando em maior destaque outras esferas discursivas no amplo campo da sexualidade. Nesse momento histórico, a maior parte dos países europeus possuíam legislações que criminalizavam as relações sexuais entre pessoas do mesmo sexo. Não à toa, parte significativa do mundo que ainda considera homossexuais como criminosos é formada justamente por ex-colônias europeias, sendo determinante, em diversos sentidos, o processo de colonização para tal herança.[37] Vale ressaltar que a criminalização das homossexuali-

---

[37] Em 2020, 69 países ainda criminalizam a homossexualidade. Ver: Relatório Anual da ILGA, em: https://bit.ly/3s5jRlp. Acesso em: 2 maio 2022. Para uma interessante análise sobre o caso de Uganda e a relação entre colonialismo e sexualidades, ver a recente obra de RAO, 2020.

dades foi um dos fatores principais de aglutinação e de mobilização dessa geração pioneira no protoativismo. Isto porque a proibição legal, além de servir de base para a prisão arbitrária das pessoas LGBTI+, pavimentava um largo caminho de marginalização dessa população, frequentemente vitimizada por extorsão e chantagens.

Assim, as batalhas contra a patologização e a criminalização das homossexualidades são as duas grandes bandeiras que marcaram o surgimento desse movimento com epicentro na Europa. A trajetória de Oscar Wilde é um dos grandes exemplos da perseguição a que homossexuais estavam submetidos. O escritor é até hoje reconhecido, por muitos, como o primeiro homossexual moderno, já que assume publicamente seu desejo por outros homens em um momento no qual o complexo dispositivo da sexualidade estava em pleno processo de afirmação, mesmo sendo casado com uma mulher com quem tinha dois filhos. Seu julgamento definiu, "no senso comum, homens gays como estetas afeminados, mas também levou ao conhecimento de homossexuais latentes a existência de outros como eles" (WOLF, 2021, p. 63).

Desde 1891, Wilde mantinha uma relação com um rapaz mais novo, o Lorde Alfred Douglas, que era filho do Marquês de Queensberry. Em 1895, este vai acusar publicamente Wilde de seduzir o jovem. O escritor, então, processa o Marquês, já que era muito comum que pessoas "acusadas" de serem homossexuais reagissem não apenas negando, mas denunciando a difamação para salvar a própria honra. No entanto, o escritor perde o processo, e uma acusação contra ele é apresentada pelo procurador-geral. Em um controverso processo, mais por indícios presentes nos testemunhos de homens das classes populares com quem ele já teria se relacionado do que por provas efetivas, Wilde é condenado pelas supostas práticas homossexuais, mais precisamente por indecência grave.[38]

A pena a ele imposta foi de dois anos de trabalhos forçados, além de toda a exposição pública e as críticas da sociedade à época.

---

[38] Um relato bastante detalhado e interessante desses dois processos e da história de Wilde com Douglas pode ser lido em: FARIA, 1995.

Com a saúde muito debilitada, ele morreu poucos anos depois de meningite em Paris. Mas a condenação de Wilde por causa do "amor que não ousa dizer seu nome",[39] bem como o trágico fim do notável escritor depois da prisão, tiveram uma enorme repercussão na Europa, colocando em evidência a injustiça perpetuada pelas legislações antissodomia e alimentando os anseios por mudanças.

O caso de um escritor já popular à época, assim, parece ter chamado atenção e catalisado iniciativas que já estavam em curso. A sexologia emergente, cujo solo principal era o campo das ciências médicas, incorporava reflexões e debates de outras áreas disciplinares, como a psicologia, a história e a filosofia. De alguma maneira, os sexólogos, ao mesmo tempo em que legitimavam suas produções a partir da anatomia e da fisiologia dos sexos, extrapolavam os estreitos limites da medicina e dialogavam com outros saberes das ciências humanas, então em igual profusão. Além disso, esses médicos tinham um claro projeto de intervenção nos debates públicos da época, não mantinham uma postura de pretensa neutralidade diante dos debates públicos em voga. Notabilizaram-se não apenas por uma extensa e erudita produção bibliográfica, mas também pelo engajamento em reformas sociais com o objetivo de emancipar o indivíduo das convenções sociais e legais arbitrárias, reconectando-o com aquilo que acreditavam ser sua própria natureza.

O nascimento da ciência sexual terá um papel decisivo. A primeira obra a usar o termo "homossexualismo" para descrever a relação entre pessoas do mesmo sexo foi a *Psychopathia Sexualis* de Richard Krafft-Ebing, publicada em 1886.[40] Um outro expoente

---

[39] A frase foi tirada do último verso do poema "Two Loves", escrito pelo suposto amante de Wilde, Lorde Alfred Douglas, em setembro de 1892 e publicado na revista *The Chameleon* em dezembro de 1894. Poucos meses depois, a frase foi mencionada durante o julgamento. A expressão "o amor que não ousa dizer seu nome" foi incluída por Wilde em sua carta *De Profundis*, o que levou muita gente a achar que ele próprio tivesse sido o criador da mesma.

[40] Trata-se de um dos primeiros esforços de sistematização taxonômica das perversões ou aberrações sexuais de um ponto de vista com pretensão científica. Dos

desse movimento foi o britânico Havelock Ellis, que, em 1896, publicou como coautor um dos mais paradigmáticos livros sobre homossexualidade: *Inversão sexual*. A partir de um histórico da homossexualidade em diferentes momentos e lugares, de uma revisão de trabalhos anteriores que tangenciaram o tema e do estudo propriamente de casos, Ellis propõe um olhar diferenciado ao fenômeno e a suas possíveis causas. A homossexualidade seria uma das variações possíveis da sexualidade, destacando-se que não caberia "curar" algo que não fosse necessariamente uma doença. Além de uma teoria menos normativa, sua psicologia do sexo carrega uma crítica ao tratamento legal dado à relação entre pessoas do mesmo sexo. Para ele, a relação sexual entre adultos e de modo privado, ainda que assumindo formas de perversão, não deveria ser objeto de preocupação do Direito ou do Estado.

Ellis chegou, inclusive, para sustentar a naturalidade dos comportamentos homossexuais, a elaborar listas de homossexuais de excepcional talento e que ofereceram contribuições importantes para diferentes áreas. Esta era uma estratégia inteligente de mostrar como homossexuais tinham as mesmas capacidades intelectuais e profissionais das demais pessoas, ajudando no desenvolvimento de suas áreas. Não eram pessoas desequilibradas e marginais. A despeito de este ser um argumento de ordem mais utilitarista e não exatamente de princípio, por ressaltar mais as realizações notáveis do que a dignidade, ele deixava claro como a exclusão de pessoas LGBTI+ poderia significar um prejuízo para a sociedade como um todo.

Um "vício" alemão

Mas se a Europa era o palco de nascimento desse protoativismo, a Alemanha é que seria seu berço principal. Não foi por acaso que o mencionado livro pioneiro de Ellis tenha sido publicado primeiro em alemão e só depois traduzido ao inglês. O alemão era a língua

---

238 casos de "sexualidades desviantes", 22 casos envolviam "homossexuais". Para uma análise dessa obra, ver: DAMETTO; SCHMIDT, 2015.

da ciência à época. E a cidade de Berlim era a mais pulsante do ponto de vista cultural e intelectual. Alguns chegarão a afirmar que a homossexualidade era uma invenção ou vício alemão.[41] Ainda que não valha entrar na disputa da nacionalidade de algo tão difuso e internacionalizado como as práticas homossexuais, é fato que só a Alemanha reunia, nesse momento histórico, algumas das principais condições que, conjugadas, permitiriam a emergência desse movimento.[42]

Em primeiro lugar, havia a já mencionada legislação de criminalização da homossexualidade masculina, que produzia uma série de injustiças cada vez mais flagrantes. O fundamento para a perseguição era o parágrafo 175 do Código Penal do Império Alemão (§175 StGB), herança da Prússia (Parágrafo 143 do Código Penal Prussiano de 14 de abril de 1851), que acabou incluído no ordenamento jurídico alemão após o processo de unificação em 1871. Tal dispositivo estabelecia que "um ato sexual não natural cometido entre pessoas do sexo masculino ou por humanos com animais é punível com prisão", acrescentando que "a perda dos direitos civis também pode ser imposta". Equiparava-se, assim, a relação entre homens com a bestialidade, reproduzindo uma visão que enquadrava qualquer tipo de ato sexual não heterossexual e não procriativo como uma perversão.

Durante o nazismo, esse mesmo parágrafo 175 foi largamente utilizado para prisão e envio para campos de concentração e o

---

[41] BEACHY, 2014. Na Europa Moderna, a sodomia era também conhecida como "vício italiano".

[42] "Gays e lésbicas inventaram maneiras de se encontrar, e, no começo do século XX, praticamente todas as grandes cidades estadunidenses e europeias – e algumas cidades pequenas – tinham bares ou lugares públicos onde os gays podiam se encontrar. Berlim era o centro global da subcultura gay, com centenas de bares e cafés que serviam a uma ampla clientela homossexual até o começo dos anos 1930, quando a ascensão do nazismo destruiu as vidas e a cultura gays. O legado revolucionário da França fez dela o único país industrializado sem leis contra a homossexualidade, e Paris tornou-se um ímã para figuras literárias lésbicas estadunidenses que fugiam da repressão" (WOLF, 2021, p. 69).

extermínio de pessoas acusadas de terem relações homossexuais com a marca do triângulo rosa costurado em suas vestimentas.[43] Vale pontuar que a legislação preexistia ao nazismo, mas alcançou outra escala de aplicação e impacto durante esse período de intensificação da violência de Estado. Mesmo depois da Segunda Guerra Mundial e da derrota do nazismo, esse dispositivo permaneceu em vigor na Alemanha ocidental até 1994.

Importante notar o apagamento das mulheres até mesmo do ponto de vista da proibição. A sexualidade feminina, em virtude do machismo que organiza as relações sociais, era circunscrita ao âmbito do casamento e tinha de ser totalmente devotada ao marido e à reprodução. Sequer se poderia reconhecer na legislação algum tipo de sexualidade fora desse padrão. No entanto, há registro de casos de mulheres que amavam outras mulheres que foram enquadradas nesse mesmo dispositivo legal e perseguidas.[44]

Um segundo fator de fundamental importância para o surgimento do ativismo na Alemanha era o fato de se tratar de uma sociedade com grande nível de alfabetização, letramento e educação para os padrões da época. A tradição filosófica e literária alemã já era, naquele momento, das mais pujantes. Em 1914, Berlim contava com mais de 3,5 milhões de habitantes. Havia uma expressiva classe média engajada na criação cultural, nas atividades intelectuais e na produção de uma imprensa vigorosa. Mais de uma centena de jornais diários circulavam, sendo uma parcela deles voltada para as temáticas homossexual e, inclusive, lésbica. Essa profusão de publicações teve um papel fundamental para conformar uma esfera

---

[43] Três livros sobre a temática são incontornáveis: SCHWAB; BRAZDA, 2011; SEEL, 2012; HEGER, 2016. Ver, ainda: JENSEN, 2002. Na filmografia, vale conferir as obras *Paragraph 175*, documentário distribuído no ano 2000, realizado por Rob Epstein e Jeffrey Friedman e com narração de Rupert Everett; bem como *Ben*, filme britânico-japonês de 1997 dirigido por Sean Mathias e baseado em peça homônima.

[44] Alguns desses casos estão indicados no Schwules Museum (Berlim), disponível em: https://bit.ly/3OPYVZe. Acesso em: 2 maio 2022.

pública alternativa em que pessoas homossexuais pudessem trocar informações, comunicar descobertas, articular ações, compartilhar iniciativas e construir redes de apoio e de solidariedade.

Outro traço cultural da Alemanha do período e que facilitou a criação de laços, sobretudo entre homens, foi a existência de uma forte cultura masculinista. A valorização da amizade, da supremacia masculina e da virilidade eram marcas centrais de diversas sociedades secretas alemãs compostas apenas por homens e que recrutavam jovens para suas fileiras. Estes eram espaços monossexuados de cultivo e transmissão de uma masculinidade que, ainda que marcadamente misógina, acabou abrindo espaços para a experimentação e a vivência de um certo homoerotismo. Os membros desses grupos viajavam juntos, reuniam-se para discussões e momentos de lazer, criavam uma rede de contatos e apoios informais. Diversos homossexuais assumidos compartilhavam desses valores e participavam dessas comunidades de culto à masculinidade, alguns inclusive tendo sido processados por acusação de pedofilia ou de outras práticas criminosas e com inserção nos altos círculos de poder, como o Escândalo de Harden-Eulenburg, que envolveu pessoas próximas ao Kaiser Guilherme II entre 1907 e 1909 e se tornou uma das maiores discussões públicas sobre homossexualidade na imprensa no começo do século XX.[45]

Isso só se mostrava possível em decorrência de uma quarta variável de fundamental importância para compreender a emergência desse movimento na Alemanha. Ainda que a maior parte do país fosse profundamente conservador, Berlim se destaca já naquela época como um dos territórios mais cosmopolitas e culturalmente efervescentes de toda a Europa. A urbanização acelerada da cidade permitiu a criação de espaços de sociabilidade com uma relativa tolerância às pessoas que buscavam parceiros e parceiras do mesmo sexo. Há, contudo, uma desigualdade de gênero que merece ser destacada, já que os lugares destinados aos encontros entre

---

[45] DOMEIER, 2015. Ver também o já mencionado: BEACHY, 2014.

homens eram muito mais numerosos do que aqueles reservados para mulheres: "[...] desde o início, mulheres que faziam sexo com outras mulheres tinham menos visibilidade que homens gays. A maior independência financeira e integração nas esferas públicas do trabalho e da comunidade garantiu a eles mais oportunidades para explorar estilos de vida sexual alternativos" (WOLF, 2021, p. 63-64).

Indo além nessa constatação da desigualdade de gênero, Rich (1993, p. 36) afirma que lésbicas foram "historicamente privadas de uma existência política", sendo reconhecidas e incluídas apenas "como versões femininas da homossexualidade masculina". Como mencionado anteriormente, a formação de subculturas homossexuais tem íntima e profunda relação com os grandes centros urbanos, que se tornaram, a partir do fim do século XIX, verdadeiros habitats de pessoas que questionavam as normas de comportamento de gênero e sexualidade. Didier Eribon afirma que as cidades se constituíram em verdadeiros "campo de refugiados" LGBTI+ devido à enorme quantidade de pessoas que saíam de lugares menores para se libertar do controle familiar e do olhar de reprovação em suas pequenas comunidades. Em territórios mais urbanizados, ainda que se verificasse violência e preconceito, era mais fácil criar e encontrar zonas de proteção relativa dentro dos guetos, preservado o anonimato dos frequentadores. Parques e praças públicas, banheiros de estações ferroviárias e (mais tarde também) rodoviárias, pequenos bares e cafés, ruas mais escondidas eram lugares em que floresciam existências e interações que foram fundamentais para alimentar um senso de comunidade.

Entre fins do século XIX e as primeiras décadas do século XX, de um lado, estudos acerca da sexualidade floresciam e, de outro, mulheres lutavam pelo controle de natalidade e grupos de pessoas com interesses sexuais diversos tomavam a forma de subculturas *underground*. Tais características, conjugadas e aqui sintetizadas, produziram na Alemanha do fim do século XIX uma identidade homossexual cada vez mais estabilizada e com contornos mais claros, uma condição fundamental para o ativismo emergir.

Os precursores do movimento

Considerado hoje o precursor do movimento homossexual, o jurista Karl Heinrich Ulrichs foi um personagem de extrema relevância nesse contexto. Funcionário público do Estado prussiano, ainda antes da unificação, ele profere um discurso no Congresso Alemão de Juristas em meados da década de 1860 sustentando que o uranismo[46] – como ele chamava a homossexualidade masculina – era algo natural, uma espécie de terceiro sexo. Por esta razão, não se deveria coibir juridicamente algo que é da própria natureza. O conservadorismo em voga, ainda mais em um círculo como o jurídico, não o permitiu terminar sua fala; as vaias dos presentes o impediram.

Contudo, se sua voz acabou silenciada no referido Congresso, a verdade é que suas ideias tomariam uma proporção cada vez maior. Ele escreveu, entre 1864 e 1879, um conjunto de doze ensaios que ajudaram a alimentar os debates públicos sobre o tema. Ulrichs advogava a imagem de um "terceiro sexo" ou, ainda, a fórmula "da alma de mulher em um corpo de homem" para descrever a experiência do "uranismo". Ele foi perseguido a ponto de ser afastado de seu cargo no serviço público, o que o levou a publicar vários de seus escritos sob pseudônimo. Só nas últimas décadas do século passado é que ele seria redescoberto por estudiosos e pelo movimento LGBTI+. Sem dúvida, seus pioneirismo e engajamento firme o tornaram um dos principais porta-vozes da campanha pela revogação da legislação antissodomia.

Ulrichs, além de pesquisar sobre o tema, chegou a enviar cartas com seus escritos para convencer autoridades e intelectuais de grande prestígio à época. Sua intenção era angariar apoio e fortalecer a

---

[46] Urano, na mitologia grega, é o nome do deus que se tornou impotente, pois teve seus testículos cortados por Zeus. Mesmo assim, deu origem a Afrodite Urânia, que não foi fruto de uma relação heterossexual. Em *O Banquete*, de Platão, Urano simboliza o amor entre pessoas do mesmo sexo. Tudo isso despertou a afinidade de Ulrich, que passou, assim, a designar homens e mulheres com inclinações homossexuais.

campanha pela revogação do parágrafo 175. Um exemplo de pessoa notável no contexto político e cultural da época a quem ele escreveu foi Karl Marx. Ao compartilhar os escritos de Ulrichs com Friedrich Engels, Marx receberá de volta uma carta em que seu parceiro utilizou um tom irônico e bastante preconceituoso para desqualificar como obscenidade e antinatural as ideias "uranistas".[47]

Apesar de seu papel relevante no debate público e acadêmico da época, fato é que a conceituação de Ulrichs, baseada na mitologia, logo perderia espaço para outras definições.[48] O próprio binômio "homossexual" e "heterossexual" apareceria, pela primeira vez, nas penas do escritor e de seu correspondente austro-húngaro Karl-Maria Kertbeny, como já destacado. Na juventude, um de seus amigos que tinha desejos homoeróticos, sofrendo a chantagem de ser exposto publicamente, acabou se suicidando, tendo essa memória marcado profundamente o jovem Ulrichs. Já residente em Berlim, ele publicou, em 1869, um panfleto anônimo em que afirmava, já antecipando o modelo consagrado pela sexologia, a naturalidade da homossexualidade e se opunha à sua criminalização.[49]

Ele morreria na Itália, anos mais tarde, em completo ostracismo. Vale dizer que a sobrevivência desse material escrito por ele só foi possível graças à iniciativa do médico Magnus Hirschfeld, que, em 1898, conseguiu a republicação dos doze panfletos pela editora de seu amigo Spohr. Como se pode notar, eram profissionais da área do direito, do jornalismo e da literatura que vinham assumindo, cada vez mais abertamente, uma postura crítica ao parágrafo 175. Essas iniciativas, contudo, ocorriam de forma esparsa e ainda sem

---

[47] O conteúdo das cartas e o contexto são analisados em: KENNEDY, 1995. Uma leitura marxista crítica pode ser vista em: WOLF, 2021, p. 108-109.

[48] A despeito de ter caído em desuso, a expressão vem sendo recuperada no presente. Ver: PRECIADO, 2020.

[49] Panfleto intitulado "Parágrafo 143 do Código Penal Prussiano de 14 de Abril de 1851 e a Sua Reafirmação como Parágrafo 152 no Código Penal Proposto para a Norddeutscher Bund. Carta Aberta e Profissional a Sua Excelência o Real Ministro da Justiça da Prússia, Dr. Leonhardt".

uma articulação mais orgânica. O cenário começa a se alterar na virada do século XIX para o XX, quando a já mencionada sexologia vai ocupar o centro da cena.

Um dos grandes responsáveis por essa mudança foi precisamente o médico Magnus Hirschfeld. De ascendência judia e dotado de uma formação humanista, ele publicou, em 1896, sob pseudônimo pelo receio de retaliações, a tese *Safo e Sócrates ou como explicar o amor de homens e mulheres por pessoas do seu mesmo sexo?*. Este trabalho foi uma importante contribuição para a taxonomia da identidade sexual e, especialmente, para a compreensão do "terceiro sexo", expressão que ele tomou emprestada de Ulrichs. Para Hirschfeld, haveria um fundo hormonal na definição da sexualidade, que seria produto da combinação em diferentes graus de elementos, desde os anatômicos até os psicológicos. Sua teoria da sexualidade rejeitava a existência binária e estanque da oposição entre masculino e feminino, atentando para os possíveis estágios de transição intermediários entre esses dois polos.

Por essa razão, seu nome permanecerá associado a uma teoria da intermediação sexual, baseada centralmente no entendimento de que todos os atributos humanos manifestam-se tanto nas formas masculinas como nas femininas. Para tornar essa diversidade compreensível, ele estabeleceu quatro categorias, que passam tanto por atributos físicos e anatômicos como por comportamentais: órgãos sexuais; outras características físicas; desejo sexual; outras características psicológicas. Os homossexuais estariam em uma posição intermediária entre o homem e a mulher.

A despeito de não fazer uma clara distinção entre orientação sexual e identidade de gênero, algo que só será bem estabelecido na segunda metade do século XX, Hirschfeld foi pioneiro em suas pesquisas envolvendo ambiguidades de gênero, tendo escrito, em 1910, o livro *Die Transvestiten* sobre o fenômeno da transexualidade.[50] Ali, ele já apontava possíveis caminhos para se pensar a complexa

---

[50] Livro disponível para download gratuito em: https://bit.ly/3kzj9sc. Acesso em: 2 maio 2022.

relação entre homossexualidade e travestilidade, buscando, "de um lado, separar as formas de homossexualidade, e de outro, estabelecer que o transvestismo não é uma prática especificamente homossexual, em via de destruir a homogeneidade aparente da categoria de 'atos contra a natureza'" (CASTEL, 2001, [s.p.]).

Além de suas contribuições teóricas, seu engajamento político espraiou-se para outras frentes. Ele organizou, junto a outros pesquisadores e ativistas, o Comitê Científico Humanitário, primeiro movimento abertamente gay, em 1897. O lema do grupo era já um manifesto de compromisso com o iluminismo e com a igualdade: "Justiça através da ciência". Diversas foram as iniciativas articuladas pelo Comitê, destacando-se um abaixo-assinado pela revogação do parágrafo 175 que contou com milhares de assinaturas, inclusive de vários intelectuais e escritores célebres, como Albert Einstein, Thomas Mann e Herman Hesse. O líder social-democrata August Bebel chegou a discursar, em 1898, no Reichstag a favor dessa reforma legal, sendo este o primeiro registro de um político a posicionar-se abertamente a favor da diversidade sexual dentro de uma casa legislativa.[51] A despeito de essa reivindicação não ter sido conquistada até 1994, momento após a reunificação da Alemanha e quando essa legislação foi totalmente superada, Hirschfeld fez dessa causa sua missão.

Além das palestras, entrevistas e intervenções públicas, ele seguiu com suas pesquisas e passou a investir em outras frentes de mobilização. No contexto da República de Weimar, período efervescente do ponto de vista político e cultural na Alemanha, sua proximidade com o Partido Social-Democrata (SPD), já que ele sempre se declarou socialista, viabilizou a construção do Instituto para Estudos da Sexualidade em 1919. Sob sua direção e sediado em um grande casarão em Berlim, o Instituto combinava uma série de funções e atividades: uma enorme biblioteca sobre sexologia, com milhares de títulos; um centro educativo com discussões e

---

[51] Ver: https://bit.ly/3OOc19t. Acesso em: 2 maio 2022.

visitações de escolas, também com um museu do sexo; uma clínica para tratamento médico e psicológico, realizando diversos procedimentos pioneiros e experimentais; uma casa de acolhimento de pessoas LGBTI+ desamparadas.

Para se ter uma ideia da importância desse centro, ele chegou a receber, por ano, 20 mil visitantes e a realizar 1.800 consultas. Ali não se tematizavam apenas questões relativas à homossexualidade e à transexualidade, mas também educação sexual e direitos sexuais reprodutivos das mulheres como o aborto, assuntos que eram tabus para a época.

Ainda em 1919, Hirschfeld se envolveu com a realização da primeira obra com temática homossexual da história do cinema. Ele foi um dos roteiristas, ao lado de Richard Oswald, de *Diferente dos outros*. O filme, com clara finalidade pedagógica, narra o envolvimento amoroso clandestino entre um professor de violino e seu aluno. No entanto, um michê chantageia o professor, expondo-o em um processo no qual ele acaba sendo condenado, o que culmina com seu suicídio. A despeito de ser ficcional, o filme retrata uma situação bastante comum à época, e Hirschfeld aparece em uma das cenas fazendo uma defesa inflamada no cinema mudo da revogação do parágrafo 175. A despeito do grande sucesso na sua estreia – e talvez justamente por isto –, o filme despertou a oposição de setores conservadores, que se mobilizaram para aprovar uma lei de censura que atingiu o filme em 1920. Proscrito e destruído, só recentemente ele foi recuperado e mais amplamente reconhecido na história do cinema.

Mas não foi apenas sua obra que virou alvo de investidas conservadoras. O próprio Hirschfeld foi vítima de uma agressão quando voltava de uma palestra em 1920, ficando com uma série de escoriações, inclusive uma fratura no crânio, em decorrência da violência física que sofreu por parte de um grupo de extrema direita. Isso sem mencionar os incontáveis casos de preconceito com os quais ele teve de lidar. Todas as iniciativas foram tornando Hirschfeld uma personagem cada vez mais conhecida na Alemanha e no mundo. Ele era frequentemente convidado para falar de suas pesquisas em outros países, o que lhe possibilitou construir uma rede de colaboração internacional. Tais contatos acabaram levando ao Primeiro Congresso pela Reforma Sexual em 1921. Desse encontro, surge a ideia, concretizada somente em 1928, de formação da Liga Mundial pela Reforma Sexual, congregando pesquisadores de diversas nacionalidades e com encontros anuais em diferentes cidades europeias como Copenhague (1928), Londres (1929), Viena (1930) e Brno (1932).[52]

A plataforma básica da Liga era bastante revolucionária para os padrões comportamentais e morais da época. Seu principal objetivo era promover mudanças nas políticas e legislações para assegurar uma maior liberdade sexual. Dentre os pontos defendidos, destacam-se: "iguais privilégios e obrigações entre homens e mulheres no que diz respeito a suas vidas sexuais, mas também política e economicamente"; "liberação da relação conjugal da dominação da Igreja, com reforma das leis sobre casamento e divórcio"; "controle de natalidade" para que a procriação seja uma escola e com senso de responsabilidade; "aplicação dos conhecimentos da eugenia para uma melhoria da raça"; "proteção da mãe solteira e dos filhos bastardos"; "compreensão científica adequada das variações nas constituições sexuais (intersexualidade) e atitude correspondentemente racional, por exemplo, em relação a homens e mulheres homossexuais"; "educação sistemática na biologia do sexo, especialmente considerando os problemas de doenças venéreas, masturbação, abstinência", promovendo uma "atitude saudável no sexo", sem "qualquer sentimento de culpa"; reformas social e legal sobre prostituição com o objetivo de eliminar seus riscos (especialmente doenças venéreas); "distúrbios e anormalidades do impulso sexual devem ser considerados como fenômenos mais ou menos patológicos e não como crimes, vícios ou pecados"; "reforma do código penal em matéria de crimes sexuais. Só devem ser considerados criminosos aqueles atos sexuais que violem os direitos de outra pessoa.

---

[52] Para um panorama, ver: DOSE, 2003.

Proteção de menores e pessoas com deficiência mental. Atos sexuais entre adultos responsáveis, realizados por consentimento mútuo, devem ser considerados como seu assunto privado (e não sujeitos a ações legais)".[53]

A despeito do enorme esforço de articulação internacional e das trocas possibilitadas pela Liga Mundial, ela surgiu em um momento de efervescência que foi fruto do acúmulo das décadas anteriores, mas que logo entraria em refluxo diante da ascensão de forças conservadoras, especialmente do nazifascismo. O destino de todas essas iniciativas acabou engolido pela onda que assolou a Europa nos anos 1930.

Com efeito, as profundas mudanças culturais que estavam em curso nas sociedades europeias – especialmente na Alemanha – e que se refletiram na organização da primeira onda do ativismo LGBTI+ analisada neste capítulo foram interrompidas por uma contramobilização. A despeito de todo um debate sobre as complexas causas econômicas e políticas dessa guinada no Entreguerras, fato é que emergiu uma leva de partidos, logo alçados a governos, combinando, em seu programa, autoritarismo político com conservadorismo moral. O campo da sexualidade, assim, tornou-se uma das principais arenas do embate.

Hirschfeld ostentou o engajamento mais consistente e duradouro de toda essa geração do protoativismo LGBTI+. Ainda que fosse mais reservado na sua vida privada, ele manteve relações conhecidas e longas com dois companheiros seus, Li Shiu Tong e Karl Giesse. O "Einstein do Sexo", como era também conhecido à época, teve também uma relevante militância nas fileiras do socialismo, refletida na sua proximidade ideológica ao SPD e nos elogios que ele fez à revolução alemã de 1918. Vale ainda mencionar que Hirschfeld era judeu, e essa identidade era muitas vezes destacada por seus adversários para questionar sua aderência à nacionalidade germânica.

Em suma, em um contexto de agitação social, crescimento da extrema-direita nazista, do antissemitismo e dos valores tradicionais

---

[53] Tradução minha. Disponível em: https://bit.ly/38zjdWg. Acesso em: 20 mar. 2021.

no campo da família e da sexualidade, Hirschfeld parecia ser o alvo perfeito por encarnar e atravessar todos esses marcadores. Não à toa, uma das primeiras investidas violentas dos nazistas, ainda em maio de 1933, foi contra o Instituto em Berlim, com um ritual de queima de toda a biblioteca e de documentos ali guardados, inclusive aqueles relativos aos congressos da Liga Mundial pela Reforma Sexual. Assim, os nazistas tentaram não apenas inviabilizar a continuidade das atividades do Instituto, mas também apagar totalmente seus rastros e registros. Esta é uma das dificuldades para a escrita da história LGBTI+, sempre feita a partir de restos, escombros e fragmentos que restaram.

Hirschfeld sentia que o clima político estava piorando na Alemanha e que os riscos à sua integridade aumentavam na mesma proporção. Por esta razão, tinha já intensificado sua agenda internacional, aceitando ainda mais convites para palestras e viagens ao exterior. Quando o Instituto foi depredado, ele se encontrava nos Estados Unidos para uma turnê de apresentações em diferentes cidades. Essa saída, a princípio provisória, tornou-se definitiva, e ele não voltou mais à Alemanha. Permaneceu exilado em Paris, onde morreu em decorrência de um infarto, em 1935, aos 67 anos.

Depois da derrota do nazismo, essas histórias foram sendo vagarosa e progressivamente redescobertas, recuperadas e reconstruídas. Foram necessárias décadas para que Hirschfeld fosse lembrado e celebrado como figura central dos primeiros passos do ativismo organizado. Mas ele também foi um personagem controverso. Há registros de que tenha chantageado altos funcionários do governo, ameaçando revelar suas práticas homossexuais caso não o ajudassem em determinados projetos. Além disso, Hirschfeld defendia ideias eugenistas em voga no campo científico daquele momento e que, em seguida, seriam cada vez mais apropriadas pela extrema-direita. Sua visão positivista e essencialista da sexualidade acabou reproduzindo uma naturalização de identidades, deslocando um debate sobre liberdade para um fundo hormonal ou genético, o que será profundamente questionado pelas gerações seguintes do movimento LGBTI+.

Essas contradições, contudo, apenas atestam como Hirschfeld conseguiu ser não apenas um homem do seu tempo, mas também muito à frente dele. Isto porque, graças a ele e a alguns de seus bravos contemporâneos, foi possível produzir uma articulação internacional, nos campos científico e militante, da luta em prol das pessoas LGBTI+. Ele conseguiu produzir estudos, realizar experimentos, aplicar pesquisas, construir uma agenda de reformas, dialogar com outros grupos sociais, elaborar uma estratégia de comunicação e propaganda, agregar pessoas a seus projetos, buscar financiamento, estimular a educação sexual, incentivar a cultura, convencer autoridades, incidir em políticas e estabelecer redes de contato e apoio. Todo esse conjunto de ações permite caracterizar a experiência alemã da virada do século XIX para o XX como a certidão de nascimento de um movimento LGBTI+ organizado, que deixou uma trilha fundamental para novas caminhadas. Essa é uma memória que nem mesmo o nazismo, com sua truculência e brutalidade, conseguiu apagar.

3
Ativismo nos Estados Unidos

Mudanças culturais no Pós-Guerra

Com a emergência do nazifascismo e a Segunda Guerra Mundial que assolaram a Europa a partir dos anos 1930, o epicentro da mobilização LGBTI+ cruzou o oceano Atlântico para aportar nas Américas. Por razões históricas vinculadas ao tipo de colonização e à geopolítica, os Estados Unidos já despontavam com cada vez mais relevância no cenário internacional. Uma Europa enfraquecida do ponto de vista político, econômico e industrial abriu um caminho mais curto para a consolidação da potência estadunidense.

Durante a Segunda Grande Guerra, muitos jovens estadunidenses foram enviados às frentes de batalha. Mais exatamente, dezesseis milhões de homens e mulheres alistaram-se ou foram convocados nos Estados Unidos. Quase a mesma quantidade de pessoas – em sua maioria mulheres – saíram das casas para trabalhos na indústria e serviços em novas cidades como parte dos esforços de guerra. Vindos e vindas das mais recônditas regiões de um país de dimensões continentais, sobretudo das pequenas comunidades, de um momento para o outro, viram-se mergulhados em uma experiência intensa e singular. Passariam meses e até anos em espaços monossexuados, que é como se organizam as Forças Armadas: acampamentos, trincheiras, batalhões, bases militares, navios. Nada mais homoerótico do que a reunião de grandes contingentes masculinos, em um mesmo lugar, durante uma convivência intensa e duradoura.

Homens, geralmente educados para não desenvolverem intimidade com outros homens por causa de um padrão patriarcal de masculinidade, viram-se com a sociabilidade restringida apenas a seus companheiros de farda. Morando, trabalhando, descansando, dormindo juntos: essa vivência militar sempre coletiva não dava margem para privacidades. Em momentos de enorme tensão e muitas perdas como é uma guerra, as relações de afeto e de cumplicidade acabam se intensificando. Segundo D'Emilio (1983, p. 24),

> [...] ao liberar uma grande quantidade de estadunidenses de suas casas e vizinhanças, a Segunda Guerra Mundial criou, substancialmente, uma "situação erótica", que conduziu tanto à articulação de uma identidade homossexual quanto a uma mais rápida evolução da subcultura gay. Para alguns homens e mulheres gays, os anos de guerra simplesmente fortaleceram uma maneira de viver que eles haviam escolhido previamente [...] A condição incomum de uma sociedade mobilizada permitiu que o desejo homossexual fosse expresso mais facilmente em combate. Para muitos gays estadunidenses, a Segunda Guerra Mundial criou algo como uma experiência de saída do armário em escala nacional.

Além dessa sociabilidade com traços homoeróticos, fato é que esses jovens, indo para a guerra, tiveram a oportunidade de conhecer uma nova cultura. Ainda que em um contexto atípico, eles puderam estabelecer contato com outros valores, ideias e perspectivas sobre o mundo e sobre suas identidades. Em uma fase de descoberta de si, pois eram muito novos, não estavam perto de suas famílias e redes de apoio mais tradicionais. Assim, estabeleciam vínculos emocionais íntimos e intensos em situações de enorme pressão e sofrimento, demonstrando afetos que a cultura patriarcal estadunidense condenava em tempos de paz.

Jovens se viram repentinamente como combatentes e foram trabalhar longe de casa, alcançando uma liberdade econômica que lhes permitiu desgarrar da geração anterior e ter mais autonomia em suas próprias escolhas. Emergiu uma ética sexual de namoros e encontros em vez do casamento como único horizonte para construir laços e se relacionar na sociedade, afetando as bases de uma sociedade fortemente puritana. Com o fim da guerra, eles e elas[54] voltam aos Estados Unidos e são, na sua maioria, alocados em bases militares que estão concentradas nas regiões mais desenvolvidas e populosas, sobretudo as costas leste e oeste. Voltaram bem diferentes do que foram, trazendo uma bagagem de experiências e uma consciência de direitos que não podem ser subestimadas.[55]

Nesse período, entre as décadas de 1940 e 1970, intensifica-se a formação daquilo que John D'Emilio (1983) chama de uma minoria sexual em um contexto de emergência de uma subcultura gay urbana. Guardadas as devidas proporções, algo semelhante ao que foi visto em relação à Alemanha também pode ser verificado nos Estados Unidos – daí, inclusive, o fio que interliga este capítulo ao anterior. No Pós-guerra, muitos gays e lésbicas brancos migraram para as cidades, fortalecendo uma comunidade, mas deslocando outros residentes, inclusive pessoas não brancas e pobres sem condições de pagar pelo custo de vida elevado pela gentrificação urbana. Isso conferiu contornos importantes para as políticas de classe e de raça do ativismo no período (STEIN, 2012).

Novamente os bares são o local privilegiado de sociabilidade entre LGBTI+. Eram espaços mais escuros e reservados, em zonas mais isoladas da cidade, de frequência geralmente noturna. Ali, era possível conhecer pessoas, flertar em busca de um sexo casual, estabelecer redes de amizade e se conectar a circuitos da subcultura LGBTI+,

---

[54] Apesar da prevalência de homens na Forças Armadas, a presença das mulheres vinha crescendo de modo bastante significativo, com a presença importante de lésbicas nas corporações militares: "[...] cerca de 250 mil mulheres serviram na Forças Armadas, a maioria delas no Corpo de Mulheres do Exército (WAC)" (WOLF, 2021, p. 81).

[55] "Como muitos soldados negros que foram encorajados a combater a segregação racial em casa depois de lutarem numa guerra, que era supostamente por democracia, os gays voltaram da guerra com uma noção maior de que possuíam direitos e benefícios" (WOLF, 2021, p. 84).

que dava sinais de uma vivacidade cada vez maior.[56] A possibilidade de ter acesso a bebidas alcóolicas e poder dançar, com toda a expressão corporal e todo o contato físico que isso envolve, eram atrativos para a comunidade em formação. Assim, além dos lugares públicos e semipúblicos de pegação, como parques, praças, saunas e banheiros coletivos, os bares começaram a despontar como o lócus não apenas da satisfação do desejo sexual, mas da consolidação de uma identidade coletiva com laços mais fortes.

Assim como o advento de uma identidade homossexual foi fundamental para o ativismo alemão, para o movimento LGBTI+ dos Estados Unidos foi essencial a emergência de uma identidade gay, algo que o historiador George Chauncey aprofunda em seu estudo clássico sobre a cidade de Nova York. Rompendo com o "mito da invisibilidade", segundo o qual os gays viveriam enrustidos e clandestinamente, ele mostrou, a partir de documentos policiais, matérias jornalísticas, romances, cartas e diários, que havia uma próspera cena gay. Além disso, notou que a construção de um modelo mais igualitário de definição sexual que não se centrava mais na reprodução dos papéis masculino (ativo) ou feminino (passivo) foi um passo importante para atenuar o estigma da inversão de gênero, afirmar a primazia da orientação no campo da sexualidade e, em última instância, afirmar valores de igualdade, empatia e solidariedade entre pares.

Com efeito, as categorizações até então prevalentes reproduziam o binarismo e as hierarquias de gênero, considerando gays homens

---

[56] "Em uma sociedade cheia de ódio, medo e ignorância em relação à homossexualidade, havia pelo menos um local público de sociabilidade em cada grande cidade onde gays e lésbicas podiam sentir-se à vontade – os bares. Mas como em qualquer expressão pública da vida LGBT, os bares também criavam um ambiente no qual a política e as autoridades locais podiam assediar e humilhar suas vítimas [...] Apesar de não haver leis explícitas contra servir gays, muitos bares se recusaram a fazê-lo, e não havia recursos legais que impedissem tais práticas, uma vez que dançar com alguém do mesmo sexo e vestir-se em desacordo com este era considerado perturbação social. Foi nesse contexto que a máfia passou a administrar muitos dos estabelecimentos de bebidas que atendiam gays, lésbicas, travestis e pessoas transexuais em Nova York" (WOLF, 2021, p. 162).

que se vestiam com roupas femininas ou que se comportavam com trejeitos afeminados, chamados pelas gírias da época de *fairy* (fada), *pansey* (florzinha), *queer* (estranho). Oposições binárias como *queer versus trade* foram progressivamente perdendo espaço. As relações eróticas e sexuais passaram a ser percebidas e pensadas para além dos estritos papeis de gênero; importaria, assim, menos quem ocupa a suposta função de homem ou de mulher no casal e mais se o alvo do desejo é uma pessoa do mesmo sexo ou do sexo oposto. Assim, a representação mais hierárquica entre masculino e feminino vai cedendo lugar para uma identidade – mais homogeneizada e universalizável – gay.[57] As diferenças que impediam a identificação comum a uma mesma condição vão dando lugar a uma compreensão mais unívoca da experiência da homossexualidade, a despeito da persistência de visões binárias e hierárquicas. Esse senso de pertencimento só pode se efetivar com uma percepção de que todos compartilham não apenas uma prática sexual, mas uma identidade cada vez mais estável e fixa.

Esse processo é complexo e vagaroso. O estudo de Chauncey (1994) toma um intervalo de meio século para traçar suas principais linhas de força. Ele parte de 1890 e vai até 1940 para compreender os traços da sociabilidade e da cultura que permitem o nascimento do "mundo gay masculino" no seio da classe média urbana nova-iorquina. Mais uma vez, manifestam-se as afinidades eletivas entre a sociabilidade homossexual e os grandes centros urbanos, com seus territórios de encontros e anonimatos tão propícios às experiências homoeróticas.

Vale destacar que houve um enorme fluxo de imigração para os Estados Unidos no início do século XX, com um contingente formado predominantemente por homens solteiros que foram se alojando em cortiços e pensões, longe de suas esposas ou famílias (se as tivessem). Sem filhos presentes, podiam ter mais liberdades e sua vida social ampliada. Isso rendeu, inclusive, o título de "Cidade dos

---

[57] No Brasil, um dos textos pioneiros dos estudos sobre sexualidade analisou precisamente esse fenômeno. Falaremos dele mais adiante. Ver: FRY, 1982.

Solteiros" para Nova York.[58] A identidade gay tornou-se, assim, um elemento central para que se forjasse um senso de comunidade que, por sua vez, possibilitaria a emergência de um movimento também nos Estados Unidos. Mas esse é apenas um dos fatores culturais que foram determinantes para a organização política LGBTI+.

O contexto era de um enorme conservadorismo em meio à Guerra Fria. Lembra-se muito, quando se discute o Macarthismo, do chamado Red Scare, que foi a perseguição institucionalizada contra pessoas acusadas de serem comunistas ("vermelhas"). No entanto, em proporção equivalente ou até maior em termos numéricos, houve um processo que ficou conhecido como *Lavender Scare*, tendo por alvo os homossexuais que vinham sendo incorporados ao serviço público. Em um momento no qual a indústria estadunidense produzia 60% dos bens manufaturados de todo o mundo, havia um forte incentivo econômico e social para elevar a taxa de natalidade para prover força de trabalho e as Forças Armadas.[59] Mais de 5 mil pessoas, nos anos seguintes à Segunda Guerra Mundial, foram cassadas de seus cargos na administração pública estadunidense por serem suspeitas de "homossexualismo".[60] Em 27 de maio de 1953, o então presidente Eisenhower editou o Executive Order 10450,

---

[58] Matéria da *New York Times Magazine* da época aponta que, nos primeiros trinta anos do século XX, 40% da população masculina acima dos 14 anos não era casada (WOLF, 2021, p. 73).

[59] "Essa ênfase intensa na família nuclear era parte integrante de uma era de reação política nos Estados Unidos. O início da Guerra Fria com a União Soviética trouxe consigo uma caça às bruxas anticomunista dentro do país, liderada pelo senador Joseph McCarthy. Gays estavam entre os muitos alvos do macarthismo [...] O Senado dos Estados Unidos instaurou em 1950 uma investigação a partir de denúncias de homossexuais 'e outros pervertidos'" ocupando cargos do governo federal. Segundo o relatório do Senado, 'aos gays falta a estabilidade emocional das pessoas normais'; 'a perversão sexual fragiliza o indivíduo'; e 'espiões poderiam chantageá-los'" (WOLF, 2021, p. 89).

[60] Um importante trabalho que analisa essa perseguição contra homossexuais pelo Serviço de Estado dos Estados Unidos é o livro *The Lavender Scare: the Cold War Persecution of Gays and Lesbians in the Federal Government* (JOHNSON, 2004). O livro inclusive rendeu o documentário dirigido por

banindo todas as pessoas engajadas em "perversões sexuais" (nome pejorativo para atos homossexuais) das fileiras da Administração Pública.[61] Essa perseguição institucionalizada afetará o mercado de trabalho de modo mais amplo, sendo replicada por diversas empresas privadas diante da falta de uma legislação protetiva. A discriminação no trabalho, ao lado das legislações de criminalização, será uma das grandes pautas da agenda do então incipiente movimento pela libertação homossexual.

A estrutura federativa dos Estados Unidos sempre conferiu uma grande dose de autonomia legislativa para as unidades federadas. Em praticamente todos os estados, naquele momento, havia algum tipo de legislação de importunação sexual, não solicitação ou mesmo antissodomia que era mobilizada para perseguir e reprimir homossexuais, autorizando violência policial, chantagens, extorsões e uma série de violações dos direitos dessa população.

Outras mudanças trazidas pela revolução sexual em curso nas décadas de 1950 e 1960 foram de enorme relevância. Nesse período, diversos movimentos colocaram em questão as normas de comportamento de gênero e sexualidade. O feminismo, que já tinha uma trajetória de mobilização, viveu uma potente segunda onda questionando o papel da mulher na sociedade, sua liberdade sexual e a autonomia do seu corpo.[62] Também as pessoas negras ocuparam o centro das lutas pelos direitos civis nos Estados Unidos, apontando a continuidade do legado da escravidão e as persistentes desigualdades raciais no país.[63] Ambos movimentos abriram caminhos para a mobilização homossexual.

Josh Howard em 2019 e disponível em: https://www.thelavenderscare.com/. Acesso em: 2 maio 2022.

[61] Para alguns, esse episódio representa o dia em que "Eisenhower declarou guerra contra os homossexuais". Ver: https://bit.ly/3vzIl8j. Acesso em: 2 maio 2022.

[62] Uma ótima referência sobre a história do feminismo e, particularmente, de sua segunda onda encontra-se em EVANS, 1995.

[63] Uma excelente história do *black power* nos Estados Unidos pode ser encontrada em JOSEPH, 2006.

Assim, nesse novo contexto político, os corpos e suas determinações concretas, também chamadas mais tarde de múltiplas identidades em intersecção, passam a mobilizar energias utópicas e projetos de emancipação social. Mas o horizonte de valores da cultura hegemônica estadunidense, com o sonho do *american way of life*, foi também posto em xeque. O ideal da família nuclear, patriarcal e heteronormativa, baseada no consumo desenfreado e no endividamento como meio para ostentar bens materiais, passa a ser cada vez mais desafiado por uma contracultura pulsante. Amor livre, novas configurações familiares, direito ao prazer, ampliação da percepção pelo uso de drogas são expressões de uma nova forma de ver e de estar no mundo.

Nesse sentido, movimentos contraculturais como o *hippie* e o *beatnik* deram importantes contribuições para essa reinvenção de olhares contra a tecnocracia e o complexo industrial-militar do pós-Segunda Guerra Mundial. Eles levantaram bandeiras como a exaltação da paz, a vida comunitária, a valorização da natureza, o anticonsumismo, experiências psicodélicas, a aproximação a práticas religiosas orientais, a exaltação da liberdade em relacionamentos afetivos e sexuais, críticas aos meios tradicionais de comunicação de massa e a defesa de uma forma despojada de criação e expressão artísticas. Esses movimentos tiveram uma influência decisiva nas lutas contra a Guerra do Vietnã, com o fortalecimento de uma resistência pacifista e antinacionalista dentro do próprio território estadunidense. Essa intensa fermentação cultural e política lançou as bases para a articulação de um movimento questionador da repressão e do controle no campo da sexualidade e do gênero.

Os primeiros grupos: o ativismo homófilo bem-comportado pela igualdade

No começo dos anos 1950, com o protagonismo do trabalhador e militante do Partido Comunista Harry Hay,[64] teve início o Matta-

---

[64] "Harry Hay, o fundador da primeira organização gay dos Estados Unidos, a Sociedade Mattachine, começou sua vida militante como sindicalista nas

chine Society, uma organização pioneira do ativismo que se designava como homófilo em vez de homossexual. O intuito desse deslocamento vocabular era enfatizar mais o amor e o senso de comunidade, não o sexo, algo que pode ser visto como uma concessão à sociedade conservadora da época. Hay acabaria saindo do partido por causa do preconceito vigente mesmo no campo das esquerdas, mas seu grupo foi crescendo e agregando homens e mulheres homossexuais de classe média, chegando a reunir mais de 2 mil pessoas em 1953 – inclusive pessoas negras, em uma era de segregação racial intensa. No início desse mesmo ano, alguns membros do grupo começaram a editar a revista *ONE*, mas não como uma publicação oficial do coletivo. Apenas em 1955 é que começou a circular a *Mattachine Review*, revista que se tornaria porta-voz e expressão da linha política da organização por anos.[65]

Outro ativista fundamental foi Frank Kameny, o primeiro homossexual a levar um caso de discriminação no trabalho até a Suprema Corte dos Estados Unidos (SCOTUS), em 1960, para que esta se manifestasse sobre o tema. Astrônomo com formação em Harvard, ele havia sido desligado do Serviço de Mapa do Exército, em 1957, por ser gay, ainda no bojo do referido Lavender Scare, mas não se confirmou sua pretensão judicialmente. Em seu apelo para a SCOTUS, que fez de próprio punho depois de seu advogado ter abandonado a causa, ele reivindicou seu passado de combatente na Segunda Guerra Mundial e apontou a contradição de não haver criminalização da homossexualidade onde ele vivia, mas haver a proibição de um servidor público ser homossexual.[66] Infelizmente, ele não conseguiu reverter a situação,

---

décadas de 1930 e 1940, no Sindicato dos Trabalhadores de Lojas de Departamento de Nova York, da Industrial Workers of the World (IWW)" (WOLF, 2021, p. 30).

[65] Um projeto de digitalização desse acervo das publicações pioneiras tem disponibilizado parte desse importante material: https://bit.ly/3vX2AvM. Acesso em: 2 maio 2022. Ver também: BAIM, 2012.

[66] "Na Segunda Guerra Mundial, o requerente não hesitou em lutar contra os alemães, com balas, para ajudar a preservar seus próprios direitos e liberdades,

mas sua coragem o tornou um dos reconhecidos como pioneiros da luta homossexual nos Estados Unidos.

A atuação do Mattachine, que funcionava nos moldes de uma espécie de sociedade secreta a despeito das aparições públicas de seus membros, adotava uma linha moderada e algo assimilacionista por defender uma ética homossexual disciplinada, moral e socialmente responsável. Com efeito, reivindicava-se não uma profunda alteração das relações de poder e da ordem sexual, mas um tratamento mais igualitário, sobretudo o combate às discriminações institucionalizadas no serviço público.

Outro grupo de grande relevância no ativismo homófilo foi o Daughters of Bilitis, formado exclusivamente por mulheres, em São Francisco, sob liderança do casal Del Martin e Phyllis Lyon, em 1955 (GALLO, 2007). Uma das fundadoras da célula nova-iorquina do coletivo em 1958 e uma de suas mais atuantes militantes foi Barbara

---

bem como os dos outros. Em 1960, é ironicamente necessário que ele combata os americanos, com palavras, para preservar, contra o governo tirânico, alguns desses mesmos direitos e liberdades, para si e para os outros. Ele pede a este tribunal, mediante a concessão de um *writ of certiorari* [principal mecanismo de acesso à Suprema Corte dos Estados Unidos], que lhe seja permitido se engajar nessa batalha [...] Isso [a proibição da homossexualidade] claramente torna o servidor federal um cidadão de segunda classe, pois, sob pena de severa penalidade, ele pode não se envolver, em seu próprio tempo e em sua própria vida privada, em atividades nas quais todos os outros cidadãos do Distrito de Columbia possam se engajar livre e legalmente e, de fato, ele não pode nem mesmo organizar sua vida, ou existir legalmente como todos os residentes do Distrito" [tradução nossa]. No original: "*In World War II, petitioner did not hesitate to fight the Germans, with bullets, in order to help preserve his rights and freedoms and liberties, and those of others. In 1960, it is ironically necessary that he fight the Americans, with words, in order to preserve, against tyrannical government, some of those same rights, freedoms and liberties, for himself and others. He asks this court, by its granting of a writ of certiorari, to allow him to engage in that battle [...] This clearly makes of the Federal employee a second-class citizen, since, upon pain of severe penalty, he may not engage, in his own time, and in his own private life, in activities in which all other citizens of the District of Columbia may freely and legally engage, and, in fact, he may not even arrange his life, or exist in a state legal to all residents of the District*" (ROSENWALD, 2018, [s.p.]).

Gittings, editora de livros que teve um engajamento fundamental na luta pela despatologização da homossexualidade, ao lado de Frank Kameny, junto à Associação Americana de Psiquiatria. Ela editou por anos, nacionalmente, a publicação do grupo, intitulada *The Ladder*, que circulou entre 1956 e 1972.[67]

Diversos serão os atos convocados por esses grupos homófilos para denunciar as injustiças praticadas contra funcionários públicos. Apesar de parecer um debate restrito a servidores, vale lembrar que o governo era o principal empregador do país naquele momento. Além disso, a maneira como o governo tratava seus servidores acabava influenciando o mercado de trabalho privado. Nesses atos, a forma como os ativistas estavam vestidos era bastante simbólica da perspectiva geracional. Homens usavam ternos bem alinhados, e as mulheres, vestidos sóbrios e formais. Com essas vestimentas, em protestos pacíficos feitos em frente a prédios públicos ostentando faixas com reivindicações como "última minoria oprimida" e "pelo fim da discriminação no serviço público federal", nota-se que prevalecia um ativismo bem-comportado que justificava sua aceitação pela semelhança com a normalidade e a repetição dos padrões.[68] Não à toa, tais grupos utilizaram nomes enigmáticos e um tanto inofensivos como Mattachine e Billitis, algo que logo viria a mudar.

As revoltas em bares e a Revolta de Stonewall

Os bares seguiam sendo o epicentro da vida homossexual e o território por excelência de onde brotava uma comunidade. Além da discriminação no trabalho, como mencionado, outro problema crônico eram as legislações repressivas. Até o início da década de

---

[67] Ver: https://bit.ly/39laRBW. Acesso em: 2 maio 2022.

[68] "A atmosfera da Guerra Fria e o constante assédio da polícia ajudaram a empurrar tanto a Mattachine Society quanto a DOB [Daughters of Bilitis] para uma direção política conservadora. Ambas organizações buscaram 'enfatizar a adequação ao padrão no intuito de dissipar a hostilidade social [...]'" (WOLF, 2021, p. 94).

1960, todos os estados estadunidenses tinham algum tipo de legislação contra a sodomia, solicitação ou importunação que atingia particularmente homossexuais.[69] Elas eram a base para as constantes violências policiais a que estavam sujeitas as pessoas LGBTI+. Não raras vezes, as autoridades aproveitavam do status de semilegalidade que caracterizava os guetos para assediar e extorquir essas pessoas.

Não por acaso, nesses territórios marcados por abusos é que emergiram os mais marcantes protestos e confrontos com as forças da polícia. Em 1965, em um baile de ano novo promovido pelo Council on Religion and the Homosexual. No ano seguinte, outro episódio na Compton's Cafeteria marcou uma resistência ao mesmo padrão de repressão estatal.[70] Já em 1967, foi a vez do Black Cat Tavern, em Los Angeles, com mais um dos confrontos registrados. Ou seja, estavam em ebulição os bares com a presença cada vez maior e mais aberta de homossexuais, de um lado, e a crescente repressão que essa visibilidade acarretava, de outro. Esses embates ajudaram a catalisar o senso de comunidade e a identificação cada vez mais política de pertencimento a uma minoria oprimida com o imperativo de reagir.

A mais estrondosa e contundente reação do período veio, contudo, em 1969. Stonewall Inn era um singelo bar frequentado pela população LGBTI+, localizado no bairro nova-iorquino de Greenwich Village. Diferentemente de hoje, quando a região já se encontra bastante gentrificada, esse pedaço da cidade era visto como degradado e abandonado, habitado e frequentado somente por pessoas de classes populares. O público cativo do bar eram os setores mais

---

[69] Ver: https://bit.ly/3OPqMsC. Acesso em: 2 maio 2022.

[70] "Na cidade de São Francisco, Distrito de Tenderloin, houve um ensaio geral de Stonewall no verão de 1966, quando a abordagem de um policial sobre uma travesti, em um restaurante frequentado por *drag queens* e jovens gays de rua, levou o lugar ao 'caos geral', incluindo janelas quebradas e queima de uma banca de jornal. Esse evento, conhecido como a Revolta da Lanchonete Compton, não só forçou a polícia e a gerência do restaurante a parar de perseguir travestis e outras pessoas LGBT, com também levou à formação da Vanguard, a primeira organização de pessoas trans e garotos de programa gays" (WOLF, 2021, p. 161-162).

marginalizados da sociedade: gays afeminados, lésbicas masculiniza-
das, michês, *drags* (uma classificação adotada à época sobretudo para
designar pessoas trans), pessoas em situação de rua, enfim, LGBTI+
pobres, negras e latinas que pertenciam a um "submundo" e que, por
isso, não gozavam de reconhecimento como cidadãs.

Um bar destinado a esse público e que era um dos únicos lugares
disponíveis para LGBTI+ que queriam dançar e curtir só poderia
existir no interior de um gueto arejado culturalmente de uma grande metrópole. Mas isso só era possível em tensão constante com as
forças de segurança pública. Os donos do bar mais exploravam essa
comunidade do que a acolhiam e defendiam. Stonewall Inn era
controlado, desde 1966, por máfias que subornavam as autoridades
policiais para manter o funcionamento da casa, que sequer tinha
licença para comercializar bebidas alcoólicas, além de outras irregu-
laridades. Periodicamente, policiais passavam no bar para receber
suas propinas, mas também aproveitavam para dar batidas de modo
a humilhar, identificar, chantagear, prender e extorquir frequentadores. A corrupção e a violência eram, assim, parte do cotidiano da
experiência LGBTI+ nos poucos lugares de sociabilidade existentes.

Mas algo começou a mudar no dia 28 de junho de 1969. Já era
madrugada quando a polícia apareceu e começou a abordar, de forma agressiva, as mais de duzentas pessoas que ali estavam curtindo a
noite. Algum desajuste ocorreu no acordo entre polícia e máfia. Os
agentes policiais começaram a revistar e identificar os presentes, já
separando aqueles que seriam detidos e os que seriam soltos, como
sempre faziam. Também começaram a apreender as bebidas alcóolicas. Mas os poucos policiais e viaturas não foram suficientes para
a prisão de tanta gente. Foi preciso esperar a chegada de reforço, e
foi nesse contexto que eclodiu uma revolta espontânea por parte das
pessoas LGBTI+.

Diversas são as memórias e as diferenças nas narrativas sobre
como se deu esse acontecimento histórico. Fala-se em quem deu o
primeiro grito contra um policial, quem jogou a primeira pedra na
viatura, quem liderou a rebelião. Apesar das diferenças, todos os rela-
tos convergem, contudo, para a descrição de um motim que começa

a se formar sem planejamento prévio, por meio de combinação de pequenas desobediências individuais, tais como pessoas se negando a entregar documentos, não se deixando algemar e nem ficando em fila conforme o comando das autoridades.

A despeito da dificuldade em traçar a sucessão de eventos um tanto caóticos que se desenrolaram naquela noite, ainda mais com as disputas em torno do protagonismo e da memória do ocorrido, a maior parte dos depoimentos das pessoas que ali estavam vai no sentido de apontar a liderança de uma mulher lésbica e negra, Stormé Delarverie. Ela trabalhava como segurança nos bares do bairro, protegendo a comunidade LGBTI+ e fazendo performances como *drag king* em casas noturnas da região.[71]

Em meio à batida, as LGBTI+ que foram sendo liberadas não iam embora, mas permaneciam na frente do bar acompanhando as discussões e tensões. A polícia tentou impor suas ordens, e as pessoas resistiram e começaram a jogar latas, garrafas e pedras contra ela, sendo que alguns dos oficiais se recolheram, protegidos, para dentro do bar. A população atirava também moedas aos gritos de "policiais corruptos". O reforço demorou a chegar, e a temperatura aumentou nas horas seguintes, com o envolvimento das pessoas que estavam na rua e que começaram a se dirigir para frente do Stonewall, inflando a aglomeração de gente.

A humilhação, desta vez, fora imposta à polícia pelo "*gay power*", identidade que se transformaria em um poder, sobretudo com aquele episódio.[72] A rebelião do primeiro dia só terminou com a dispersão no começo do amanhecer por uma tropa especial da segurança pública que foi chamada para resolver a insólita situação. Nos dias seguintes, a repercussão nos jornais e os panfletos distribuídos pela comunidade

---

[71] Ver: https://nyti.ms/37T53zt. Acesso em: 2 maio 2022.

[72] Na verdade, logo antes do episódio de Stonewall, em 1968, o "movimento homófilo adotou '*gay is good*' ['gay é bom'] e '*gay power*' ['poder gay'] como seus gritos de guerra", inspirado diretamente no movimento negro com "*black is beautiful*" e "*black power*", o que mostra a crescente interseccionalidade dessas agendas e sujeiitos coletivos (WOLF, 2021, p. 161).

foram provocando novas revoltas que seguiram desafiando o controle estatal. Os conflitos transbordaram nas ruas de modo que não podiam mais ser escondidos. As pessoas LGBTI+ expressavam seu orgulho e já não queriam mais voltar aos guetos e armários nas noites seguintes.

A criação de um mito

Esta breve descrição tenta dar conta do clima efusivo e esperançoso que marcou os levantes de Stonewall. Mas um olhar mais cuidadoso para a história revela que não era a primeira vez que a população LGBTI+ irrompia na cena pública reivindicando direitos e combatendo a violência policial. Muitas lutas aconteceram antes e, como vimos, há registros de confusões bem semelhantes em bares na costa oeste dos mesmos Estados Unidos na década de 1960.

Mesmo não sendo um acontecimento inédito ou exclusivo, dados os já examinados episódios anteriores de revoltas em bares, algumas razões ajudam a compreender a singularidade de Stonewall como marco internacional do movimento LGBTI+. Ainda que algumas delas já tenham sido referidas em seções anteriores, vale sumarizá-las aqui.[73]

Primeiro, Nova York já era uma das cidades mais cosmopolitas do mundo naquele momento. Ao funcionar como epicentro econômico do capitalismo estadunidense, ela também se tornou um lócus privilegiado de desigualdades sociais e um refúgio para milhares

---

[73] Para uma leitura sobre esse deslocamento: "O que fez com que a revolta de Stonewall fosse diferente de todo o ativismo gay até aquele momento não foi apenas a inesperada duração do conflito nas ruas, que ocupou várias noites, mas a mobilização consciente de ativistas novos e experientes que expressaram esse clima mais militante. Como em uma represa, Stonewall foi a explosão gestada por vinte anos de avanços lentos, gota a gota, fruto do esforço realizado por homens e mulheres cuja organização consciente criou condições para a onda espontânea de fúria. Os levantes, por si só, não seriam lembrados hoje por seu papel de transformadores da política e da vida gay se não tivessem sido seguidos por organizações que transformaram a indignação em força social crescente" (WOLF, 2021, p. 169).

de pessoas LGBTI+ que migravam dos pequenos vilarejos e zonas rurais em busca do anonimato da vida em uma grande cidade. Essa mistura de desajustados (*queers*) de diferentes raças e classes sociais presentes em Stonewall era um ponto de partida propício para uma revolta coletiva.

Segundo, as lutas por liberdade sexual e igualdade de gênero, fermentadas durante as décadas de 1950 e 1960, sedimentaram as condições para a emergência de novas perspectivas sobre o corpo, o desejo e a sexualidade. Além disso, foi fundamental nesse processo de questionamento de valores tradicionais a contracultura *hippie*, as lutas pelos direitos civis de mulheres e negros, as mobilizações contra a Guerra do Vietnã e a geração *beat*.

Terceiro, a afirmação de uma identidade homossexual coletiva e igualitária resumida na palavra "gay" e que não se hierarquizava mais tão centralmente pelos papeis de gênero permitiu a criação de laços de solidariedade e a formação de uma subcultura mais adensada. Por fim, em quarto lugar, os Estados Unidos contavam, em grande parte dos seus estados, com legislações discriminatórias e de criminalização das homossexualidades, sem falar nos incontáveis casos de violência policial. Isso ajudou a mobilizar resistências importantes na aglutinação dessa identidade gay em busca de mudanças legais e uma maior aceitação.

Mas se nem tudo começou em Stonewall, muitas mudanças começaram lá. Além dessas condições históricas específicas que permitiram o florescimento da rebelião, Stonewall deixou legados notáveis. Frise-se que, apesar de não inaugurar o ativismo LGBTI+ nos Estados Unidos e muito menos no mundo, as revoltas marcam um ponto de inflexão, reinventando o estilo de militância. Passou-se a acusar abertamente a Mattachine Society de ser bem-comportada e assimilacionista por pregar uma postura mais tradicional de integração e descolada de outras agendas. Stonewall inaugurou, ao menos na visão de seus protagonistas, uma militância mais combativa e orgulhosa. Não bastava lutar pela tolerância, era preciso mudar as estruturas de poder da própria sociedade que estigmatizam as pessoas LGBTI+, ocupando as ruas e existindo publicamente.

Antes de Stonewall, diante da injúria e da vergonha na sociedade patriarcal e heteronormativa, a saída parecia ser construir uma imagem socialmente respeitável de homossexual, batalhando como um camaleão para usar o disfarce da normalidade e conseguir acessar alguns direitos mínimos de igualdade. Depois dessa revolta histórica, o melhor jeito de lidar com o preconceito parecia ser o embate, a denúncia e a não conformidade. Desse modo, houve um deslocamento no estilo de ativismo, com o orgulho funcionando como vetor ideológico principal de um modo eroticamente subversivo de ser contra uma ordem social e sexual conservadora.

A saída do armário, que sempre foi reduzida a uma decisão essencialmente pessoal, foi se conectando cada vez mais com um senso de comunidade, sendo cada vez mais politizada na esfera pública. A revolta de Stonewall criou, assim, novos horizontes para a população LGBTI+ dotar de sentido suas existências, cultura e ação política, constituindo uma narrativa coletiva a partir da memória social dessa luta.

Tanto que, depois de Stonewall e graças à revolta, foram fundados grupos que pela primeira vez estamparão orgulhosamente a expressão "gay" nos seus nomes: o Gay Liberation Front (GLF), ainda em 1969 e que remetia às frentes de libertação anticolonial, e, logo em seguida, o Gay Activists Alliance (GAA). Além disso, nas maiores cidades estadunidenses, começaram a ser realizadas, já em junho de 1970, o Christopher Street Liberation Day March. Conforme examinaremos logo adiante, esta é a origem das Paradas do Orgulho LGBTI+, formas de manifestação depois exportadas para todo o mundo e que expressam, justamente, o espírito de Stonewall: ocupar as ruas e romper com a invisibilidade imposta pelo gueto.

No entanto, deve-se frisar que Stonewall tornou-se um mito fundador do movimento LGBTI+ global também pelo imperialismo cultural estadunidense. Nesse sentido, para calibrar com justiça o que representou historicamente esse episódio, é fundamental notar a existência de experiências de organização de pessoas LGBTI+ em um estilo muito semelhante àquele produzido por Stonewall em outros contextos e territórios.

Exemplo disso é, já em 1967, a criação, na Argentina, do grupo Nuestro Mondo, que participou da organização Frente de Liberación Homosexual (FLH), em 1971 (BEN; INSAUSTI, 2017). A FLH editou um boletim intitulado *Somos*, que serviu de referência para a primeira geração do Movimento Homossexual Brasileiro (MHB) na fundação do grupo Somos em São Paulo no ano de 1978, como veremos mais adiante. Também em 1971, no México, haverá a fundação da Frente de Liberación Homosexual, tendo à frente a diretora de teatro e feminista lésbica Nancy Cárdenas e o intelectual José Ramón Enríquez, marcando o estabelecimento de um movimento naquele país (LIZÁRRAGA, 2010).

Gay Power: Gay Liberation Front (GLF) e Gay Activists Alliance (GAA)

O Gay Liberation Front foi um dos produtos mais potentes – ainda que com uma duração efêmera – dos motins de Stonewall. O grupo era constituído por uma geração jovem que se engajou de modo radical não apenas na onda da libertação sexual, mas também em outras lutas promissoras daquela época. A origem do grupo remonta ao fato de Michael Brown, um jovem da New Left, procurar o então presidente da Mattachine Society, Dick Leitsch, com o objetivo de articular um apoio que levou à criação do Mattachine Action Committee. Logo esse novo comitê se separaria sob o nome de GLF.

O grupo atuava de diversas maneiras: organizando marchas, fazendo festas para arrecadação de dinheiro, realizando dinâmicas de criação de consciência, reuniões de estudos e até mesmo editando um jornal próprio, que já no título interpelava pela saída do armário: *Come Out!*. Formado por subgrupos constituídos a partir das afinidades pessoais e ideológicas, o GLF funcionou como uma plataforma capaz de articular um amplo espectro de posições. Não se institucionalizou em uma estrutura fixa e permanente, mas se desdobrou em inúmeras frentes. Havia coletivos mais ligados a um debate sobre política do corpo, discutindo a emancipação do desejo, novos arranjos afetivos e familiares, amor livre etc. Também havia subgrupos com uma clara perspectiva marxista, como o Red Butterfly, posicionando a sexualidade em um quadro mais geral da luta de classes e segundo o objetivo central da revolução socialista.

A despeito das diferentes ênfases e formulações no interior do grupo, havia um denominador comum que passava por uma postura de confrontação descarada contra o *american way of life* e todos os significados que a expressão carregava. A influência da New Left era decisiva, com o cruzamento das diversas pautas. Era preciso colocar em questão o modo de vida burguês, o imperialismo estadunidense e as amarras familiares. Um componente anticapitalista e fortemente influenciado pelo anarquismo que embalou toda essa geração também se fazia presente (LAURITSEN, 2019).

A ruptura com o ativismo homófilo anterior ficava cada vez mais evidente – desde as diferenças estéticas até os valores éticos que pautaram essa juventude rebelde, passando por uma elaboração ideológica mais profunda sobre a sexualidade na sociedade. Tudo isso conformou um projeto de liberação inquestionavelmente mais ousado.[74] Os bailes já eram centrais não apenas para a sociabilidade, mas para amplificar as bandeiras e agendas desse movimento em formação. Ali nesses espaços, as pessoas podiam manifestar seu afeto publicamente, dançar com os corpos suados e colados, conhecer novas pessoas, discutir ideias e intervenções, beber e liberar os desejos.

Não se tratava apenas de assumir um horizonte de igualdade para as pessoas LGBTI+. Havia uma forte perspectiva anticapitalista e antinormalização comum às diversas tendências agrupadas no GLF. Um episódio bastante significativo para revelar a tensão entre a geração anterior e aquela que emerge no pós-Stonewall é a presença de Barbara Gittings e Frank Kameny no congresso da Associação Americana de Psiquiatria de 1972, no qual compuseram uma mesa, junto com um médico vestindo uma máscara pelo receio do preconceito, para debater

---

[74] Duberman (1994, p. 229) chegou a resumir assim essa nova plataforma: "[...] queríamos acabar com o movimento homófilo. Nós queríamos que eles se juntassem a nós na revolução gay. Nós éramos um pesadelo para eles. Eles estavam comprometidos em ser bons e aceitáveis para o *status quo* estadunidense e nós não estávamos; não tínhamos nenhum interesse em ser aceitáveis".

se a psiquiatria era uma ameaça ou uma aliada para os homossexuais.[75] Os precursores do movimento nos Estados Unidos foram criticados por aceitarem um diálogo com os saberes médicos, que eram um dos principais vetores da estigmatização das pessoas LGBTI+.

Com efeito, o ativismo homófilo tinha como uma de suas principais bandeiras, ao lado do fim da discriminação no trabalho, a luta pela despatologização da homossexualidade. Na base dessa reivindicação repousava uma ideia de normalidade ou, ao menos, de normalização dos comportamentos homossexuais. Em certa medida, prevalecia uma visão essencialista que recusava a ideia de desvio e reforçava a integração na cultura hegemônica sob a forma de uma assimilação. Em vez de demarcar diferenças e afastamentos de uma minoria que busca criar uma nova forma de vida, o eixo era afirmar a igualdade e a proximidade com o padrão.

O GLF vai romper com esse horizonte – que a geração Stonewall considera conservador – ao propor o orgulho da diferença enquanto o elemento principal da afirmação da homossexualidade. Assumir a homosexualidade passa a significar não apenas uma aderência objetiva a um conjunto de práticas, comportamentos, circulação em territórios, mas assumir uma posição consciente de engajamento na construção de um código cultural e de uma ação coletiva para preservar o patrimônio simbólico que significa ser uma minoria com uma subcultura própria – em contraste e mesmo em aberta contraposição aos valores hegemônicos.

Em outros termos, a diferença não é algo de que se envergonhar ou que precise ser justificado, mas algo de que se orgulhar. Assim, o objetivo não é mais se descaracterizar, renunciar à especificidade para se diluir na normalidade proposta e imposta pela sociedade. Antes, trata-se de buscar estratégias capazes de colocar em xeque e, no limite, implodir as estruturas que constituem as normas.

Essa aversão à normalidade foi acompanhada, em certa medida, por uma postura que chegava até mesmo a flertar com os potenciais

---

[75] Ver: https://on.nypl.org/3vWsbor. Acesso em: 2 maio 2022.

da "anormalidade" para desafiar o *status quo*, algo que vai se acentuar com a teoria *queer* em tempos mais recentes. Mas é preciso dizer que essa perspectiva quase revolucionária que sustentava a total ruptura com os padrões não era consensual e tampouco majoritária no conjunto do incipiente movimento gay.[76] Era, sem dúvida, uma minoria numérica, ainda mais diante do crescimento de posições mais moderadas que se deixavam seduzir pelas promessas de integração às estruturas da sociedade e da família heteronormativa. Mas essa minoria tinha presença marcante nos debates e produzia um incômodo contundente no processo de assimilação.

A compreensão de uma identidade gay passava, de acordo com essa perspectiva, pelo atravessamento e o cruzamento inextricáveis com outras lutas então em curso. O potencial revolucionário da emergência de movimentos que mais tarde seriam reduzidos à reivindicação por direitos civis era marcante nesse momento – e estava sob disputa. Uma das relações mais marcantes, que potencializa a ala radical do GLF, deu-se justamente com os Panteras Negras, em um processo de proximidade retórica (*rhetorical adjacency*) (Corrigan, 2019) que teve uma de suas maiores expressões no conhecido discurso proferido em 1970 pelo dirigente dos Panteras, Huey Newton, sobre o caráter revolucionário da luta dos homossexuais e a necessidade de articulações com o movimento negro.[77] Mesmo antes de existir o conceito de interseccionalidade, tais movimentos

---

[76] Duberman (2018) destaca que a ala mais radical do movimento, com uma perspectiva mais libertária e uma ideologia de esquerda, sempre foi uma minoria.

[77] "Durante os últimos anos, fortes movimentos vêm surgindo entre as mulheres e entre os homossexuais que buscam sua libertação. Houve alguma incerteza sobre como se relacionar com esses movimentos. Quaisquer sejam suas opiniões individuais e inseguranças sobre homossexualidade e os diversos movimentos de libertação entre os homossexuais e as mulheres (e falo de homossexuais e mulheres como grupos oprimidos), devíamos tentar nos unir a eles sob uma perspectiva revolucionária [...] Devemos tentar formar uma coalizão operária com a libertação gay e grupos de libertação das mulheres. Devemos sempre lidar com as forças sociais da forma mais adequada." Disponível em: https://bit.ly/3ORuodp. Acesso em: 2 maio 2022.

ensaiavam, na prática, uma política de solidariedade e de influências recíprocas.

É certo que nem tudo eram flores. A maioria de pessoas brancas no ativismo homossexual e o racismo estrutural dificultavam a construção de alianças mais consistentes e duradouras, e não eram raras as acusações de pessoas do GLF que consideravam os Panteras Negras uma organização homofóbica. Essa inclinação interseccional, junto a outros desgastes internos, levou um conjunto de ativistas do GLF a romper e organizar Gay Activists Alliance (GAA), grupo que defendia um centramento mais exclusivo na questão homossexual com um programa menos radical, mais reformista e pautas pragmáticas e com foco nas LGBTI+.[78] A organização interna também era diferente: as decisões deveriam ser tomadas por consenso, havia uma maior centralização da linha política, e o clássico manual de procedimento parlamentar conhecido como Robert's Rules of Order era a base da dinâmica das reuniões.[79] Esse coletivo popularizou uma tática de ação política direta iniciada pelo GLF chamada *zap*, que consistia em uma manifestação pública contundente para constran-

---

[78] "Em parte em resposta ao apoio dos Panteras Negras, em dezembro de 1969, um pequeno grupo de ativistas do GLF, incluindo Jim Owles, Marty Robinson, Arthur Evans e Arthur Bell – bem como ativistas veteranos como Kay Tobin Lahusen – se separou para formar o Gay Activists Alliance (GAA) para se concentrar apenas em questões explicitamente gays e lésbicas" [tradução nossa]. No original: "Partly in response to the support of the Panthers, in December 1969 a small group of GLF activists, including Jim Owles, Marty Robinson, Arthur Evans, and Arthur Bell — as well as veteran activists like Kay Tobin Lahusen – split off to form the Gay Activists Alliance (GAA) to focus only on explicitly gay and lesbian issues". Disponível em: https://on.nypl.org/3y4cZbG. Acesso em: 2 maio 2022.

[79] "Robert's Rules of Order é o principal guia dos EUA para o procedimento parlamentar. É o mais usado por associações profissionais, organizações fraternais e governos locais do que qualquer outra autoridade" [tradução nossa]. No original: "Robert's Rules of Order is America's foremost guide to parliamentary procedure. It is used by more professional associations, fraternal organizations, and local governments than any other authority". Ver: https://robertsrules.com/. Acesso em: 2 maio 2022.

ger autoridades ou órgãos de imprensa notoriamente homofóbicos, além de chamar atenção da opinião pública e da sociedade para os direitos dos homossexuais. Essa tática influenciou significativamente grupos que surgiram posteriormente, como o ACT UP (AIDS Coalition to Unleash Power), uma organização pioneira e ousada de defesa das pessoas vivendo com HIV/AIDS, nos anos 1980.[80]

Além disso, o GAA empreendeu ações de diálogo institucional com os poderes públicos e tentativas de mudanças legais, demarcando uma diferença com relação ao GLF por colocar energia em disputa no interior da ordem e do Estado de Direito. Nas eleições de 1970, por exemplo, o GAA conseguiu interpelar diversos candidatos locais com o lema *put gay power to the voting booth* e *vote gay*. Como resultado, quarenta deles responderam ao questionário feito, todos (exceto um) apoiando as reivindicações do grupo. Isto sem falar nas declarações de apoio recebidas de candidatos a Senado e a Governo Estadual. O GAA também envidou esforços significativos para a aprovação da Intro 475, proposta cujo objetivo era inserir a orientação sexual na legislação de direitos humanos da cidade. Após intensos embates, a despeito de não ter sido aprovada a proposta no New York City Council, o resultado foi uma intensa mobilização e politização da comunidade LGBTI+ em torno de uma bandeira.[81]

A ideia de fortalecimento de uma subcultura gay era muito forte no grupo: exibições de filmes, aulas de yoga, festas, dança, criação de consciência eram algumas das ferramentas utilizadas para isso. Ao conseguir um espaço físico no Soho, o grupo conseguia sediar diversas atividades, facilitando a criação de laços e o desenvolvimento de projetos. Do mesmo modo que no GLF, havia uma maioria de

---

[80] Ver: SCHULMAN, 2021. Um filme imperdível que, a despeito de ficcional, narra os dramas coletivo e individual dessa geração ativista da ACT UP em Paris é o *120 batimentos por minuto* do diretor Robin Campillo, lançado em 2017.

[81] Um projeto muito interessante de registro, preservação e divulgação de memórias, depoimentos e documentos do período pode ser encontrado em: https://bit.ly/3OQx4YZ. Acesso em: 2 maio 2022.

homens, o que colocou desde o princípio os debates em torno do lugar das mulheres no grupo. Em 1971, foi criado um agrupamento de lésbicas, o Lesbian Liberation Committee (LLC).

O GAA conseguiu se expandir nos anos seguintes e se consolidou como uma das principais organizações do ativismo LGBTI+ nos Estados Unidos. Enquanto o GLF se dissolveu dois anos após sua fundação por causa de discussões intermináveis, dispersão em inúmeros subgrupos e dificuldade de visualizar resultados tangíveis e mais imediatos da sua luta estratégica ambiciosa,[82] o GAA durou até 1981, tendo sido a organização mais longeva dessa geração do ativismo e também influenciado de modo significativo os grupos que foram aparecendo, como o National Gay Task Force e o Lambda Legal.

Onde ficou o *trans power*?

No ativismo que se seguiu após Stonewall, não tardaram os tensionamentos. Na medida em que um setor ganhava mais visibilidade e hegemonia, isso acontecia às custas da marginalização de outras pessoas no interior da própria comunidade. O tratamento conferido às *drag queens*, em um momento no qual essa designação era mais utilizada para pessoas que transitavam entre os polos binários de gênero, era um sintoma disso. Vale lembrar que a identidade trans ainda estava em processo de maior sedimentação histórica, não havendo a separação consumada entre orientação sexual e identidade de gênero, algo que vai se tornar mais consistente sobretudo a partir da década de 1970.[83]

---

[82] Ver: https://bit.ly/39lc24k. Acesso em: 2 maio 2022.

[83] Wolf (2021, p. 26) afirma que os levante de Stonewall foram "um ponto de inflexão para as lésbicas, gays e bissexuais modernos e levou ao florescimento das condições que possibilitaram às pessoas travestis, mulheres transexuais e homens trans reivindicarem suas próprias demandas e lançarem suas próprias organizações". Para uma análise da biopolítica na era da indústria farmacopornográfica, ver: PRECIADO, 2018.

Assim, para homossexuais que ostentavam maiores trejeitos, se maquiavam e se vestiam com adereços femininos, mesmo que não se identificassem abertamente e o tempo todo como mulheres, a identidade mais comum era a de *drag queen* ou ainda de *scare drag*, uma acusação utilizada no sistema de justiça da época contra pessoas que apresentavam algum "disfarce de mulher na região do rosto", sem maiores transformações corporais como uso de hormônios ou próteses.[84] Nos anos seguintes, os avanços médicos e tecnológicos vão propiciar maiores possibilidades de procedimentos e cirurgias de redesignação sexual.[85]

De um lado, os gays muito afeminados ou que faziam (de modo mais ou menos permanente) *drag queens* eram discriminados por mulheres lésbicas dentro dos coletivos sob a acusação de "fingirem" ser mulheres, sem efetivamente viver, de modo integral, a subalternidade que marca a posição do feminino em uma sociedade patriarcal. De outro, por se assemelharem demais a papéis e comportamentos atribuídos socialmente a mulheres, esses gays eram rejeitados por seus pares, que aprenderam a reproduzir e a desejar modelos hegemônicos de masculinidade, reprimindo qualquer presença do feminino.

Nesse contexto, duas personagens foram centrais para os desdobramentos de Stonewall na organização política das pessoas LGBTI+ nos Estados Unidos: Marsha P. Johnson e Sylvia Rivera. *Drag queens* e prostitutas, aquela negra e esta latina, ambas foram apagadas das memórias em disputa sobre o episódio e deslocadas do protagonismo inegável que tiveram nas mobilizações iniciais. Contudo, ambas vêm sendo cada vez mais relembradas e reivindicadas enquanto as figuras centrais da luta trans – que realmente foram – para a luta por liberação sexual.[86]

---

[84] Três peças de roupas femininas já eram o suficiente para a detenção. Ver: https://bit.ly/39pJJlj. Acesso em: 2 maio 2022.

[85] Um ótimo trabalho sobre a construção de uma identidade travesti e sobre essa mudança do "tempo das perucas" para o "tempo dos hormônios" no Brasil, mas que também ajuda a entender processos análogos em outros lugares do mundo, é VERAS, 2019.

[86] Ver: https://nyti.ms/3kv5fY3. Acesso em: 2 maio 2022.

No entanto, a despeito da importância delas, alguns equívocos são comumente divulgados sem maior lastro histórico nas fontes do período. Conforme a própria Rivera esclarece em uma entrevista ao *podcast* Making Gay History, ela não frequentava usualmente aquele bar, pois

> O Stonewall não era um bar de *drag queens*. Todo mundo fica falando que era. E é aí que eu começo a brigar com as pessoas. Elas dizem: "Ah, não, era um bar das *drag queens* e dos negros". Não, o bar da Washington Square era o bar das *drag queens*. Tudo bem, você podia entrar no Stonewall se eles te conhecessem, tinha apenas algumas *drag queens* que eram aceitas no Stonewall naquela época.

Ela esclarece, ainda, que a noite de 28 de junho foi sua primeira vez naquele lugar. A despeito de seu engajamento na luta dos movimentos negro e pacifista, foi a partir desse acontecimento que ela se engajou na luta LGBTI+: "Eu calhei de estar lá quando tudo estourou. Eu disse: 'Bom, que ótimo, agora é minha vez'. Eu disse, 'Olha só, eu tô aqui sendo revolucionária pra todo mundo, agora chegou a hora de fazer o meu negócio pelo meu povo'".[87]

Já Marsha P. Johnson, em seu depoimento gravado para o mesmo *podcast*, afirmou que chegou no bar quando a revolta já tinha se iniciado:

> Eu estava na cidade alta e só fui chegar no centro lá pelas duas da manhã, porque quando eu cheguei o negócio já estava pegando fogo. Já estava acontecendo uma batida. As revoltas já tinham começado. E eles disseram que a polícia entrou lá e deixou o lugar pegando fogo. Eles disseram que a polícia botou fogo na situação porque eles queriam originalmente que o Stonewall fechasse.

Além disso, ela também reforça a visão de que aquele bar mais frequentado por homens gays: "Bom, no começo era só um bar de

---

[87] Todo o acervo desse importante *podcast* encontra-se disponível na internet em: https://bit.ly/3rXCOGj. Acesso em: 2 maio 2022. A entrevista com Rivera está transcrita e traduzida ao português em: https://bit.ly/3MLxm1u. Acesso em: 2 maio 2022.

homens gays. E eles não deixavam entrar não, mulher não entrava. Daí começaram a deixar mulher entrar. Depois começaram a deixar as *drag queens* entrar. Eu fui uma das primeiras *drag queens* a ir lá".[88] A despeito de não serem o público fiel do bar e de Marsha só ter chegado depois de a revolta já ter eclodido na madrugada de 28 de junho, ambas se tornaram ativistas de primeira hora do movimento LGBTI+ pós-Stonewall – primeiro no GLF e, em seguida, no GAA, com uma série de embates com os homossexuais que já hegemonizavam esses grupos.

Isso as levou a organizar, ainda em 1970, o S.T.A.R. (Street Transvestite Action Revolutionaries), iniciativa de Rivera que logo contou com o apoio de Marsha. O objetivo do grupo, além da militância tradicional de organizar atos de rua e abaixo-assinados em favor da comunidade, era prover proteção e abrigo para jovens LGBTI+ que eram expulsos de suas casas pelas famílias e acabavam desamparados na cidade de Nova York. Mas conflitos internos, dificuldades financeiras e problemas com a ocupação do prédio em que se encontravam acabaram levando ao fim do grupo.

Mesmo com a enorme contribuição de ambas ao movimento gay da época, um vídeo de Sylvia falando em uma manifestação do Christopher Street Liberation Day, no Washington Square Park, evidenciou a hostilidade de feministas lésbicas que criticavam o que consideravam "sexista" no *cross-dressing* praticado por Sylvia. Esse registro expressa bem as dificuldades de incorporar as pessoas trans nos primeiros momentos da organização política do movimento.[89]

Apesar de todo preconceito, ambas seguiram contribuindo para diversas lutas após o fim da STAR. Marsha, por exemplo, teve engajamento na já mencionada organização ACT UP. Em 1992, seu corpo foi encontrado no Rio Hudson, perto do píer oeste de Greenwich Village. Ela contava com apenas 46 anos. O perito indicou a causa da morte como suicídio, mas pessoas próximas a

---

[88] Ver: https://bit.ly/3vZV0AA. Acesso em: 2 maio 2022.

[89] Ver: https://bit.ly/3LxzbyK. Acesso em: 2 maio 2022.

ela indicavam que ela poderia ter sido espancada e assassinada pela máfia que controlava os bares na região por causa das ameaças que já vinha recebendo. As investigações foram reabertas quase vinte anos depois, mas não foram nada conclusivas.[90]

Depois da morte da companheira de ativismo e amiga, Sylvia ainda enfrentou uma série de dificuldades e privações, passando a viver como sem-teto em um cais abandonado perto do bairro de Greenwich Village. Ela tentou retornar ao movimento organizado em 2001, quando parou de beber, mas morreu de câncer no fígado no ano seguinte, quando tinha apenas 51 anos.

A ameaça lavanda e a atuação das lésbicas

Como vimos, as lésbicas discriminavam as *drags*, ao mesmo tempo em que eram marginalizadas pelos homens gays, o que as levou, desde o início, a se auto-organizarem em coletivos próprios apenas formados por mulheres cisgêneras. Inicialmente, muitas dessas mulheres lésbicas participavam das reuniões do GLF, mas foram se apartando do grupo, que era muito focado nas demandas dos gays. Outras tantas estavam também engajadas no movimento feminista, cuja segunda onda de mobilizações ganhava bastante força e projeção desde a década de 1960. A sexualidade, especialmente a lesbianidade, ainda era um tabu dentro do feminismo hegemônico.

O First Congress to Unite Women de uma das principais entidades feministas dos Estados Unidos, a National Organization for Women (NOW), aconteceu em 1969 e excluiu organizações lésbicas como a Daughters of Bilitis. Uma das mais expressivas lideranças das mulheres e cofundadora da NOW, Betty Friedan, chegou a dar uma declaração para a *The New York Times Magazine* afirmando que as lésbicas constituíam uma ameaça lavanda (*lavender menace*) e que a presença delas abertamente na NOW comprometeria o

---

[90] Um filme que examina essa reabertura das investigações é o documentário *Vida e Morte de Marsha P. Johnson*, dirigido por David France, lançado em 2017 e disponível na Netflix.

reconhecimento dos direitos das mulheres, que seriam vistas como criaturas doentias.[91] Para ela, o foco na sexualidade era um desvio indesejável da questão principal, que era a igualdade econômica entre homens e mulheres. Rita Mae Brown, ativista das mais destacadas do período, era editora da publicação da NOW e foi desligada por causa da sua homossexualidade, já despertando a oposição das lésbicas contra a direção da organização.

Mas foi no Second Congress to Unite Women, realizado em maio de 1970, que o tensionamento escalou a ponto de não poder mais ser ignorado. Entre as mais de quatrocentas mulheres participantes do seminário, dezessete lésbicas se levantaram durante a plenária, mostrando suas camisetas com a inscrição *Lavender Menace*, reivindicando ao mesmo tempo em que ressignificavam a acusação que lhes era dirigida. Elas começaram a gritar palavras de ordem, tais como "Take a lesbian to lunch!", "Superdyke loves you!" e "Women's liberation is a lesbian plot". Karla Jay, uma das precursoras do movimento nos Estados Unidos, desabafou: "Yes, yes, sisters! I'm tired of being in the closet because of the women's movement".[92] Logo eram mais de quarenta mulheres com a mesma camiseta, convidando outras presentes a se juntarem.

Na ocasião, elas distribuíram um manifesto lésbico-feminista chamado "The Woman-Identied Woman", convocando as leitoras a repensarem seu conceito sobre lesbianidade e não segmentarem a lutas das mulheres pela orientação sexual. Este panfleto com apenas dez parágrafos se tornou um verdadeiro manifesto de referência para a luta lésbica.[93] Além de divulgar o texto, ganhando apoio de muitas das presentes, elas ocuparam o palco e subverteram o painel em curso, convertendo-o em um debate sobre as razões pelas quais a lesbianidade era a questão mais ameaçadora e mais evitada no movimento feminista.

---

[91] Ver: https://bit.ly/3kujbBI. Acesso em: 2 maio 2022.

[92] Ver: https://bit.ly/3kujbBI. Acesso em: 2 maio 2022.

[93] Ver: https://bit.ly/3ky3PfG. Acesso em: 2 maio 2022.

Essas mulheres seguiram organizadas como o primeiro coletivo pós-Stonewall formado exclusivamente por lésbicas, tendo o nome alterado para Radicalesbians. Tiveram muitos embates com pessoas heterossexuais e homens gays, além de ostentarem posições polêmicas como a condenação da bissexualidade. Mas, por conflitos internos, o grupo seria encerrado em 1971, deixando um importante legado tanto de militância quanto de produção de teoria lésbica e feminista.

Da Christopher Street para o mundo: as paradas do orgulho LGBTI+

As marchas do orgulho, que passariam a reunir esses diversos grupos ativistas e que se internacionalizaram como celebrações a cada aniversário da Revolta de Stonewall, têm alguns antecedentes. Os atos públicos anteriores a Stonewall eram bem-comportados, com os ativistas homens vestindo terno e as mulheres com vestidos sociais, marchando em círculos e ostentando faixas discretas com reivindicações de aceitação e igualdade. As manifestações ocorriam sempre em frente a prédios públicos com o intuito de sensibilizar as autoridades e a opinião pública para a respeitabilidade dos homossexuais, com o objetivo central de revogar leis discriminatórias ainda em vigor nos Estados Unidos.

Exemplo desse tipo de protesto é o ato considerado pioneiro pelos direitos civis dos homossexuais ocorrido em 19 de setembro de 1964 no Centro de Iniciação do Exército estadunidense na Whitehall Street, em Nova York, sob liderança de Randy Wicker. Meia dúzia de manifestantes levavam a faixa "Homossexuais também morreram pelos Estados Unidos". Note-se que não se reivindicavam pacifismo ou uma crítica ao militarismo. O intuito era mostrar que homossexuais também lutavam em guerras e morriam em defesa da nação.

Randy tinha participado da Mattachine Society no fim dos anos 1950 e organizado, na Universidade do Texas, onde estudava, uma campanha contra a censura. Depois de se formar, mudou-se para Nova York, organizando lá a Homosexual League of New York, seu próprio agrupamento, com críticas à moderação da Mattachine. Nos anos seguintes, ele se tornaria um dos mais conhecidos ativistas, participando de debates sobre homossexualidade em programas de rádio e televisão. No entanto, quando eclode a Revolta de Stonewall, ele se posiciona contrariamente àquela radicalização, com receio de que isso provocasse uma repulsa ainda maior da sociedade da época. Em uma entrevista, anos mais tarde e em tom de autocrítica, ele declarou:

> Eu não devia começar nesse tom, mas é algo que me coloca do pior lado, porque na época que aconteceu o Stonewall eu cuidava da minha loja de broches no East Village e, com todos aqueles anos de Mattachine tinha fotos minhas na TV usando paletó e gravata, eu tinha passado dez anos da minha vida dizendo por aí que homossexuais tinham a mesma aparência que todo mundo. Que nem todos usavam maquiagem e vestido e tinham voz em falsetto e molestavam crianças e eram comunistas e essa coisa toda.[94]

Outras manifestações de visibilidade pioneira foram as do Annual Reminder Day, realizadas anualmente na Filadélfia, no Independence Hall, sempre no 4 de julho entre 1965 e 1969. O objetivo central era denunciar a discriminação a que pessoas LGBTI+ eram submetidas e que as impedia de gozar dos mesmos direitos à vida, liberdade e busca da felicidade consagrados na Declaração de Independência dos Estados Unidos, daí a escolha da data. O coletivo que organizava esses protestos era composto pelas Organizações Homófilas da Costa Leste (ECHO), por sua vez, formadas pela Mattachine Society de Nova York e Washington, DC, Janus Society of Philadelphia e Daughters of Bilitis, da cidade de Nova York. Os organizadores sempre insistiam em um código de vestimenta rígido e formal para os participantes, já que buscavam apresentar gays e lésbicas como "apresentáveis" e "empregáveis". Ativistas veteranos na primeira edição do evento incluíram Frank Kameny, Barbara Gittings e Kay Tobin.[95]

---

[94] Ver: https://bit.ly/3vZV0AA. Acesso em: 2 maio 2022.

[95] Ver: https://bit.ly/36ZlOZ6. Acesso em: 2 maio 2022. "Vestindo ternos e gravatas, vestidos e saltos, em 4 de julho de 1965, grupos de 'piqueteiros' começaram

Como visto, depois da Revolta de Stonewall emergiu uma geração de ativistas muito mais vinculada a uma estética *hippie* e da contracultura. Roupas despojadas e menos generificadas, cabelos compridos para os homens, defesa do amor livre e do direito ao prazer, rejeição do ideal burguês de família, enfim, uma postura de difícil assimilação na sociedade de então. Tal modo de vida, que transbordava a questão da sexualidade, teve um profundo impacto também na performance de manifestação e de protestos. A maneira dessa comunidade se apresentar perante a sociedade não era mais pela normalidade, mas pela afronta e pela afirmação da diferença. Daí a emergência do orgulho enquanto vetor da existência pública e mote das ações políticas.

É por isso que, já em 1970, no primeiro aniversário da Revolta de Stonewall, o coletivo ECHO aprovará a realização da marcha anual da Filadélfia no último fim de semana de junho na cidade de Nova York. O ativista veterano do Mattachine Society Craig Rodwell é comumente considerado o grande responsável por essa mudança. Mais de 2 mil pessoas, entre militantes dos grupos homófilos e das novas gerações, estiveram na marcha que saiu do Greenwich Village até o Central Park pela Sixth Avenue. O nome escolhido foi em referência à rua que sediou a revolta: Christopher Street Liberation Day March. Em Los Angeles também foi realizada uma manifestação semelhante.

As placas com "*gay pride*" já apareciam e logo essa expressão se tornaria a mais utilizada para as marchas do orgulho em todo mundo. Graças a essa nova forma de protesto e a um discurso mais radical de liberação e orgulho que, ano a ano, a Revolta de Stonewall foi sendo sedimentada como o momento mais icônico da luta LGBTI+. E o conjunto de agrupamentos e militantes que eclodiu e se amadureceu nesse ciclo de mobilizações deixou uma herança fundamental para a luta por libertação sexual no mundo todo.

---

uma tradição anual de protestos em frente ao Independence Hall, na Filadélfia, para lembrar a nação de que ainda existia um grupo de estadunidenses a quem faltava garantir dignidade humana e direitos humanos" (WOLF, 2021, p. 161).

Ainda que desde os tempos do ativismo de fins do século XIX já se verificassem dissensos e disputas importantes em torno das identidades e táticas pela emancipação dos homossexuais, foi nessa segunda metade do século XX nos Estados Unidos que houve uma complexificação do discurso e da ação LGBTI+ que ressoa até os dias de hoje. A emergência de um horizonte radicalizado que atrela a liberação sexual a uma agenda mais ampla de transformação social, o deslocamento de uma reivindicação de assimilação para um embate deflagrado contra a sociedade patriarcal e heterociscentrada, a interseccionalização das opressões e das alianças entre os corpos subalternos, as tensões e fragmentações entre gay, lésbicas e pessoas trans no interior do movimento, sublinhando as especificidades e diferenças para além do que é comum, sem falar ainda nas tentações oferecidas pelo mercado e pelo Estado na cooptação das lutas políticas são todas elas características germinadas nesse período e que foram legadas, como uma herança intergeracional, para sujeitos LGBTI+ em diversas partes do mundo por sua incontestável relevância e também graças ao imperialismo cultural estadunidense. Vejamos então como isso se dá entre nós, aqui no Brasil.

4
Movimentações e movimentos LGBTI+ no Brasil

De ondas para ciclos: outra forma de leitura do movimento

Há diversas maneiras de ler e interpretar a sucessão de eventos e acontecimentos que, agrupados, compõem a trajetória da organização política das pessoas LGBTI+ em nosso país. Consagrou-se, nos últimos anos, uma leitura de que o movimento teria se organizado, desorganizado e reorganizado a partir de ondas[96] com o objetivo de demarcar as diferentes gerações de ativismo que se sucedem historicamente.

A metáfora da onda para compreender os desdobramentos nada lineares de um sujeito político não é nova. O movimento feminista, por exemplo, vem sendo assim interpretado há bastante tempo. A ideia de onda é interessante por denotar uma oscilação, demarcando alguns momentos centrais de um movimento social: a onda se inicia tímida e pequena, vai acumulando força e vulto, chega a um ápice e depois reflui,

---

[96] A periodização do movimento LGBTI+ em ondas no Brasil foi feita, pioneiramente, em: GREEN, 2015. Green identifica basicamente duas ondas: a primeira, de 1978 até 1985, e a outra, desse momento até o presente, tendo como marco divisor a redemocratização do país. Júlio Simões e Regina Facchini (2009, p. 14) adotaram também a mesma metáfora, mas com um modelo de três ondas: a primeira no período da "abertura política" da ditadura, a segunda coincidente com o período da redemocratização e a terceira a partir de meados dos anos 1990 até o presente.

sendo sucedida por outra onda que segue um fluxo semelhante. De fato, muitas vezes, esse tipo de padrão recorrente pode funcionar para compreender a dinâmica de uma ação coletiva ao longo do tempo.

Não há dúvida de que estabelecer fases e traçar uma periodização temporal são um modo importante de compreender continuidades, mudanças e deslocamentos na atuação de sujeitos políticos. Contudo, a fixação que a ideia de primeira, segunda e terceira ondas implica, impondo de antemão uma sequência e um curso com início e fim definidos, pode comprometer sua capacidade heurística. Além de ser uma noção importada de outros contextos, a metáfora acabou dando margens a leituras etapistas – mesmo que isso não estivesse presente nas elaborações pioneiras mencionadas. Por etapismo, entendemos aqui a imposição de certa rota normativa que assume um grau de teleologia e linearidade para um processo social que é muito mais complexo e indefinido. Soma-se ainda o fato de que, na história LGBTI+, devido à persistência de preconceitos e violências, não é raro que as demandas que pareciam atendidas em um momento logo precisem ser novamente reivindicadas, afinal, nunca são efetivamente superadas ou saem do papel e acabam sempre se recolocando em um regime de reconhecimento que é sempre precário. Além disso, ao traçar marcos temporais estanques, as ondas não parecem dar a devida atenção para a dimensão processual da transição entre as fases diversas de um movimento social. A separação em fases bem delimitadas tende a superestimar as diferenças e rupturas, impondo uma artificialidade aos marcos históricos e perdendo de vista que as redes e gerações de ativistas se constituem e se formam nessa interação e nesse conflito permanentes, em uma transmissão de valores, perspectivas e tarefas de uma fase a outra.

Por isso, preferimos aqui uma outra maneira de ler a trajetória dos movimentos sociais, adotando a noção de ciclos concêntricos definidos a partir da agenda de reivindicações que prevaleceu em cada momento histórico.[97] Nessa leitura, um ciclo não precisa se

---

[97] "Os movimentos sociais são cíclicos em dois sentidos. Em primeiro lugar, respondem às circunstâncias, que variam segundo as flutuações e os ciclos

esgotar e finalizar para dar lugar a um novo, sendo possível uma convivência de diversos ciclos, ainda que um ou outro possa assumir a hegemonia a cada momento. Todos os ciclos podem se expandir ou se retrair ao mesmo tempo, estabelecendo diversas formas de interação entre si, múltiplas combinações que são mais fiéis à complexidade da realidade.

Uma periodização a partir das demandas prevalecentes sem perder de vista as demais reivindicações e processos é interessante porque permite enxergar melhor não só as diferenças, mas também a sobreposição desses ciclos no processo histórico. Um não precisa ter terminado para que outro ciclo emerja. Diferentemente da onda, em que uma tem de se encerrar para dar lugar à próxima, mesmo que certas tarefas e questões ainda estejam pendentes e não haja tanta clareza sobre o início de uma e o fim da outra, a ideia de ciclo valoriza a convivência e o tensionamento de pautas, gerações e repertório de ações na conformação de um movimento LGBTI+. Um exemplo disso é a luta de pessoas vivendo com HIV/AIDS, geralmente tomada como um parâmetro para definir uma segunda onda nos anos 1980 e começo dos 1990. A epidemia não deixou de ter um papel central depois desse período, tendo sido inclusive tema da Parada do Orgulho LGBTI+ de São Paulo no ano de 2021 com o mote *HIV/AIDS: Ame+, Cuide+, Viva+* graças a uma enorme disputa do movimento de pessoas vivendo com HIV/AIDS.

Dito de outro modo, a nosso ver, a noção de ciclo possibilita uma articulação menos esquemática e mais mediada entre avanços e retrocessos em agendas que seguem paralelas, ainda que em intensidades distintas, em cada período histórico, com suas próprias ambiguidades e tensionamentos. Por essa razão, aqui propomos cinco ciclos que não

---

políticos, econômicos e, talvez, ideológicos. Em segundo lugar, os movimentos sociais tendem a ter ciclos de vida próprios. Os movimentos como tais, assim como seus membros, sua mobilização e sua força tendem a ser cíclicos, já que mobilizam as pessoas em resposta a (principalmente contra, e em menor grau a favor de) circunstâncias que, em si mesmas, são de caráter cíclico" (FRANK; FUENTES, 1989).

pretendem esgotar a história do movimento LGBTI+ brasileiro, mas apenas indicar algumas chaves principais de leitura para a compreensão da trajetória desse ator político nas últimas décadas.

Quando as movimentações se tornam movimentos organizados

Em 1978, no número de estreia do jornal *Lampião da Esquina*, o jornalista Celso Curi é entrevistado sobre o processo judicial do qual era réu por acusação de violar a moral e os bons costumes da Lei de Imprensa em razão de sua Coluna do Meio, dedicada ao público homossexual, publicada desde 1976 no jornal Última Hora. Ao ser questionado sobre as perspectivas de organização política, ele respondeu de modo um tanto irônico: "Quando me perguntam pelo movimento homossexual no Brasil, respondo que ele não existe. Existe é uma movimentação homossexual, da boate para o táxi, do táxi para a sauna. No Brasil nem movimento de manicure é possível" (DEMISSÃO, PROCESSO, PERSEGUIÇÕES, 1978, p. 7).

Sua resposta traz uma distinção interessante entre movimentação e movimento. As subjetividades homossexuais, muito antes da emergência da sigla LGBTI+, já marcavam presença na história brasileira. Pessoas que desejavam outras do mesmo sexo ou, ainda, aquelas que não se conformavam aos padrões binários de gênero desafiaram a sociedade hétero e cisnormativa organizada no Brasil, ao menos desde o violento processo de colonização.[98] Soma-se a isso que

---

[98] O processo de colonização foi marcado, para além do "empreendimento comercial" baseado no latifúndio e no trabalho escravo, também pela violenta imposição de uma moral sexual católica e da hegemonia do macho branco heterossexual e cisgênero. Essa estrutura se impunha por meio de uma série de normas e práticas mais ou menos institucionalizadas: tabu da nudez, a conjugalidade monogâmica, a indissolubilidade do matrimônio, o patriarcado, a noção de honra, a virgindade pré-nupcial e a perseguição das homossexualidades e travestismos. Em sentido oposto, diversas culturas sexuais dos indígenas e africanos escravizados ostentavam a nudez sem maiores pudores, praticavam a poligamia e outros tipos de uniões, tinham outra relação com os tabus de incesto, além de maior tolerância com práticas sexuais dissidentes

o "desejo da nação" – em formação no século XIX – tomava a sociedade como realidade biológica, racialmente classificável e buscando o branqueamento. Assim, mulheres, negros, pessoas LGBTI+ eram considerados ameaças contra a ordem quando não se conformavam ao papel social esperado.[99]

Em diversos momentos, essas existências individuais, que nunca deixaram de ser rebeldias políticas, encontraram-se e agruparam-se coletivamente. Em pontos públicos de pegação, apartamentos privados, clubes fechados, saunas e boates, enfim, em territórios físicos e simbólicos que serviram de palco para a sociabilidade LGBTI+ foi semeada e brotou uma subcultura potente dessas movimentações.

No bojo dessa subcultura, as interações foram produzindo formas diversas de uniões e de associativismos. Desde encontros furtivos e casuais com finalidade exclusivamente sexual até a criação de redes de afetos e de acolhimento na constituição de verdadeiras famílias, já que o parentesco biológico poucas vezes foi base de suporte para pessoas LGBTI+. Esse adensamento de uma comunidade que interseccionava planos distintos da existência dessas pessoas, tais como prazer, diversão, afeto, amizade e cuidado, foram fundamentais para que se pudesse produzir uma organização política na forma de um movimento social.

Como visto anteriormente, enquanto lá fora já havia uma tradição mais longeva de mobilização política em um sentido mais tradicional, em nosso país, apenas na década de 1970 é que esses esforços deram frutos mais duradouros. Imprescindíveis para difundir informações e conectar as pessoas em uma verdadeira esfera pública foram os pequenos jornais e panfletos. Estes meios de comunicação,

---

da heterocisnormatividade. Sobre o assunto, vale consultar: VAINFAS, 1989; MOTT, 1992; ROCHA, 2016; FERNANDES, 2017.

[99] "No Brasil, a preocupação coletiva com a sexualidade emergiria na intersecção de discursos políticos, científicos e literários sobre a nação brasileira que seguiam objetivos como o de branqueamento/civilização de nosso povo por meio de práticas claramente discriminatórias ou formas sutis de rejeição, disciplinamento e controle das relações íntimas, particularmente as afetivas e sexuais, conformadas ao ideal reprodutivo (portanto heterossexual), branco e viril" (MISKOLCI, 2013, p. 42).

na maior parte das vezes artesanais e modestos, quase sempre clandestinos, possibilitaram que identidades individuais e coletivas fossem constituídas mesmo em tempos de enorme conservadorismo moral.[100]

Além das publicações, há registro de tentativas de congressos com bandeiras e plataformas nitidamente políticas – em sentido mais tradicional – desde os anos 1960. No entanto, as movimentações se tornam o movimento homossexual brasileiro (MHB) na segunda metade da década de 1970.[101] Ainda que, em outras partes do mundo, os ecos de Stonewall e de outras experiências de militância ressoassem com força, por aqui, a ditadura instaurada em 1964 inviabilizava qualquer organização mais consistente, aberta e duradoura da sociedade civil. A falta de direitos individuais e de liberdades públicas, inclusive para LGBTI+, era a marca central de um regime autoritário que promovia valores conservadores com repressão, censura e perseguições policiais.[102] Passemos, então, às cinco fases que nos ajudam a compreender os caminhos do movimento LGBTI+ brasileiro.

Ciclo da afirmação homossexual e combate à ditadura

A despeito das persistentes tentativas anteriores, apenas em maio de 1978 é que, na cidade de São Paulo, realiza-se a primeira reunião do Núcleo de Ação pelos Direitos dos Homossexuais, que logo seria rebatizado de Somos – Grupo de Afirmação da Identidade Homossexual. Sem diminuir a relevância das iniciativas precedentes que foram abrindo brechas em uma sociedade heterocentrada, pode-se dizer que foi com o Somos que se desencadeou um processo de organização política da comunidade LGBTI+ em diversas partes do Brasil, já no contexto da liberalização da ditadura

---

[100] Ver: PÉRET, 2011; SOUTO MAIOR; SILVA, 2021.

[101] Esta é a posição que sustento em QUINALHA, 2021a.

[102] Para uma análise mais profunda das políticas sexuais da ditadura civil-militar brasileira, ver: QUINALHA, 2021a; COWAN, 2016; GREEN; QUINALHA, 2014.

e com a intensificação das campanhas pela redemocratização e a reorganização dos diversos movimentos sociais (feminista em 1975; estudantil em 1977; negro em 1978; sindical também em 1978). Já em 1980, havia mais de duas dezenas de grupos homossexuais espalhados pelo país.

Papel significativo foi o do *Lampião da Esquina*, publicação que se tornou uma das mais paradigmáticas da imprensa LGBTI+ brasileira. Apesar de formado por um conselho editorial basicamente concentrado no eixo Rio-São Paulo, o jornal conseguiu transcender o regionalismo que predominava até então nas publicações homossexuais, alcançando uma nova escala. Com circulação nacional, milhares de exemplares eram vendidos em bancas de jornais ou enviados a assinantes mensalmente. Não raras vezes, ele trazia estampadas nas suas páginas, dispostas em formato tabloide, matérias sobre diversas partes do país e até de outros lugares do mundo. Em um determinado momento, o *Lampião* chegou a reservar uma seção específica para divulgar e passar os contatos dos ativistas que estavam organizando grupos no Brasil todo, tornando-se, não sem conflitos para fora e para dentro, uma espécie de diário oficial do ativismo "guei" (QUINALHA, 2021b; RODRIGUES, 2014).

Nesse primeiro ciclo, entre o fim da década de 1970 e meados dos anos 1980, as preocupações centrais passavam pela construção e a afirmação de uma identidade homossexual mais estabilizada. Não por outra razão, os grupos serviam como espaço de acolhimento coletivo, nos quais os indivíduos encontravam segurança para se assumir e se revelar entre pares, em um autêntico processo de criação coletiva de consciência sobre as formas de existência homossexual.

Deve-se lembrar que, desde os tempos do Milagre Econômico, houve um inchaço de camadas médias nos grandes centros urbanos já em expansão, propiciando novos lugares para a sociabilidade LGBTI+. No entanto, esse processo era incipiente, e seus efeitos não eram acessíveis a pessoas mais pobres, razão pela qual os grupos ativistas constituíam, para além da militância, espaços onde era possível fazer novas amizades, encontrar sexo e romance, partilhar de uma identidade, redes de apoio etc.

Mas a discussão em torno dos sentidos da homossexualidade era intensa: afinal, em que consiste ser, estar ou transar (todos verbos utilizados à época) homossexual? Era algo natural ou cultural? Bastava ter um desejo por pessoas do mesmo sexo? Era preciso fazer a "fechação" (hoje mais conhecida como "lacração") e ser afeminado? E as mulheres, qual lugar ocupavam? A bissexualidade era uma condição ou uma fase transitória? As travestis (ainda referenciadas no masculino à época) eram uma espécie de homossexualidade ou um fenômeno diverso?

A partir desse reconhecimento mútuo e das respostas elaboradas para indagações existenciais é que se davam as condições para o engajamento em atividades propriamente militantes. Outro conjunto de questionamentos mais relacionados à ação política emergiu de forma contundente: afinal, o que deveria ser um ativismo homossexual? Quais bandeiras deveria levantar? Assumir-se era um ato de resistência ou de normalização? A reivindicação central deveria ser a igualdade com a assimilação que lhe acompanha? Ou deveria ser a diferença com o orgulho de questionar as normas socialmente convencionadas? Que tipo de relação a liberação sexual deveria ter com outras lutas – sindicais, negras, feministas, ecologistas, socialistas?

A maneira de formular essas questões e as respostas diversas e construídas determinaram parte significava da heterogênea agenda de reivindicações do movimento homossexual brasileiro então nascente. Lutava-se pelo direito ao prazer, pelo livre uso do corpo, pelo fim da violência, pela despatologização das homossexualidades, por um tratamento digno das pessoas LGBTI+ na imprensa, entre outros pleitos.

Outra tarefa que estava posta nesse momento histórico era a de fortalecer a luta pela redemocratização. A ditadura vinha passando por uma crise cada vez mais acentuada, e as oposições ganhavam mais espaço. Com a reorganização da sociedade civil no contexto de retomada de algumas liberdades até então restringidas, colocou-se na ordem do dia o papel dos movimentos sociais na construção de um novo regime político.

Muito da atuação desses grupos pioneiros se voltou para uma crítica ao autoritarismo e ao conservadorismo moral que lhe era inseparável. O movimento homossexual denunciava a censura, pedia o fim da violência policial, defendia liberdades de expressão e organização, tematizava questões eleitorais, inclusive com participação ativa nas eleições de 1982 (Cruz, 2015), nesse momento-chave da democracia brasileira. Por isso, não seria exagero afirmar que o movimento homossexual brasileiro cumpriu um papel de enorme relevância para alargar e aprofundar o processo de redemocratização, fortalecendo as bandeiras mais gerais em torno da superação do autoritarismo, mas também aportando, junto ao movimento feminista, um olhar específico para a temática da liberação sexual.

Tais contribuições se expressam por diversos atos de rua pelo combate à violência policial, como uma passeata contra as operações comandadas pelo delegado José Wilson Richetti que ocorreu em São Paulo no 13 de junho de 1980. Ainda antes desse episódio, o grupo Somos esteve presente em uma manifestação realizada em novembro de 1979, cerrando fileiras com o movimento negro. Em 1º de maio de 1980, foi a vez de uma parte dos ativistas homossexuais se dirigirem ao estádio da Vila Euclides em São Bernardo do Campo para apoiar as mobilizações operárias contra a intervenção da ditadura no Sindicato dos Metalúrgicos.[103]

Contudo, a relação com outras agendas das lutas sociais em curso não eram um tema pacífico dentro dos agrupamentos homossexuais. Assim como aconteceu na geração pós-Stonewall nos Estados Unidos, as disputas em torno do que e de como deveria ser a luta por liberdade sexual dividiram, desde a primeira hora, o movimento. Isto porque, apesar de uma visão bastante difundida – e equivocada – que tende a considerar a comunidade LGBTI+ como um universo homogêneo só porque se trata de um "outro" da norma, há, nesse grupo, uma diversidade e uma pluralidade incontornáveis. Marcadores sociais de diferença como classe, raça, território, idade, gênero, ideologias

---

[103] Analiso esses atos em: QUINALHA, 2021a, Capítulo 2.

atravessam esses corpos, forjando sujeitos com visões diferentes em torno das suas próprias identidades e posições no mundo.

Dessa maneira, dentre as diversas divergências, como também ocorreu em outros lugares do mundo, o movimento homossexual brasileiro se fracionou entre um setor cético a uma política de alianças com outros atores políticos e, portanto, mais centrado na própria sexualidade como o vetor de transformação da realidade, colocando a causa homossexual em primeiro lugar, e um outro grupo que defendia uma interseccionalidade mais marcada entre as lutas por liberação social com as reivindicações dos setores progressistas da sociedade, nomeadamente partidos e coletivos das esquerdas, além de movimentos sociais – tais como o negro, o feminista, o sindical, o estudantil etc.

Em São Paulo, naquele momento epicentro do ativismo, o principal pivô dessa clivagem foi a Facção Homossexual da Convergência Socialista. A Convergência era um agrupamento socialista de vertente trotskista que foi um dos primeiros a se abrir para discussões relativas à liberdade sexual no contexto de uma esquerda hegemônica ainda muito careta. Apesar dos limites dessa abertura, tratou-se de uma iniciativa pioneira e com grande impacto nas primeiras mobilizações.

De um lado, um setor do Somos, com seu fundador João Silvério Trevisan à frente, desconfiava da esquerda tradicional e, assumindo uma visão mais anárquica e libertária da sexualidade, denunciava que os poucos militantes da Facção que também integravam o Somos, dentre eles o dirigente James N. Green, estariam articulando uma tentativa de cooptação do coletivo para as causas da Convergência, o que comprometeria a autonomia da luta homossexual.[104] De outro, Green rebatia essa acusação, considerando-a injusta por ter como alvo justamente o principal grupo de esquerda que se abria para a temática da homossexualidade, bem como por superestimar a capacidade de meia dúzia de pessoas para dirigir o grupo Somos,

---

[104] Para a interpretação e argumentação de Trevisan, ver: TREVISAN, 2018.

que, em seu auge, chegou a reunir mais de cem pessoas em suas reuniões gerais.[105]

A despeito das diferentes leituras desse embate, que marcaram não apenas o movimento, mas a própria produção de memória do período por parte de seus protagonistas,[106] fato é que esse tensionamento foi o principal vetor que levou ao racha do grupo Somos em 1980. Tal racha é muitas vezes apontado como algo que teria abreviado o fim da primeira onda de mobilizações, mas o grupo Somos seguiu atuante até 1983, e o grupo Outra Coisa, formado pelos autonomistas que romperam com ele, também manteve atuação importante nos anos seguintes. Nota-se que a divisão, que pode ter enfraquecido o movimento à primeira vista, também colaborou com uma diversificação na organização do ativismo, possibilitando inclusive a construção de alianças entre os coletivos para combater a violência policial e, mais tarde, para construir uma resposta comunitária à epidemia do HIV/AIDS, que começava a dar seus primeiros sinais ainda na primeira metade da década de 1980.

Além das divisões mais propriamente ideológicas em torno dos rumos do movimento, outras cisões vão se impor. Uma das principais foi a das mulheres lésbicas, que já denunciavam a misoginia dos homens gays desde quando começaram a entrar no Somos, ainda no início de 1979. Apesar de já estarem auto-organizadas no Coletivo Lésbico-Feminista no interior do Somos, elas decidiram também em 1980 se organizar separadamente no Grupo de Ação Lésbica-Feminista (GALF) pelas dificuldades de dividirem os mesmos espaços políticos que os homens.

Vale notar que, nesse primeiro ciclo de mobilizações, as travestis não participaram do movimento organizado. A despeito de já estarem nas ruas, em geral no trabalho com o sexo, como alvos privilegiados da violência do Estado e da sociedade, elas não encontravam acolhimento nos grupos que buscavam construir uma imagem "respeitável" de

---

[105] Para a interpretação e argumentação de Green, ver: GREEN, 2014b.

[106] Explorado pelo trabalho de MACRAE, 1990.

homossexual, demarcando diferenças em relação às travestis associadas ao submundo da prostituição e das ilegalidades.

Esse primeiro ciclo vai arrefecer e progressivamente assumir outras formas de mobilização já nos primeiros anos da década de 1980. Todos esses conflitos e divisões mencionados se combinaram com outras dificuldades, como a de institucionalizar as instâncias decisórias por uma forte repulsa à burocratização, como os desafios de pessoas das classes populares que compunham esses grupos em sobreviverem economicamente com o empobrecimento geral após o fim do Milagre Econômico, com o fato de que vinham abrindo diversos lugares para sociabilidade e encontros que concorriam com os espaços do ativismo. Tudo isso, conjugado com a epidemia do HIV/AIDS, foi abrindo espaço para a organização de um outro ciclo do ativismo LGBTI+ no Brasil.

Ciclo do HIV/AIDS e "ONGuinização"

A década de 1980 foi caracterizada por um amplo processo de mobilização da sociedade civil organizada. As demandas represadas pelas duas décadas de ditadura irromperam na cena pública com enorme força desde fim dos anos 1970, desembocando nas campanhas pelas Diretas Já e por uma nova Constituinte. Como visto, o movimento homossexual brasileiro marcou presença na redemocratização, mas como um ator político mais marginal em um contexto em que os debates em torno da sexualidade ou não eram muito conhecidos ou ainda eram objeto de grande tabu em setores mais amplos da população e mesmo no campo hegemônico dos setores pró-democracia.

Da mesma maneira como não era possível negociar com o autoritarismo político da ditadura, o ativismo de então tinha também uma aversão aos saberes e poderes médico-científicos, que, durante séculos, propagaram visões depreciativas das homossexualidades. Ao classificar o comportamento e a identidade de pessoas LGBTI+ como desvios e patologias, inclusive propondo-se a fazer diagnóstico de "invertidos" e impor "tratamentos", os discursos científicos acabaram reproduzindo e legitimando violências diversas.

A situação começou a se alterar de modo mais significativo a partir da eclosão da epidemia do HIV/AIDS. Estima-se que o vírus, mesmo desconhecido, já estava circulando no final da década de 1970, ainda que os primeiros casos confirmados remontem a 1981 nos Estados Unidos e a 1982 no Brasil.[107] Divulgado pela imprensa como uma "peste gay" ou um "câncer gay", devido ao fato de os primeiros casos terem sido diagnosticados em homossexuais e haver mais incidência no início justamente entre essa comunidade, o HIV/AIDS foi um vetor de repatologização das sexualidades dissidentes.

Aquele era um momento de ascensão do neoliberalismo, com ataques aos sistemas públicos de saúde. Os governos nacionais, muitos deles conservadores como o de Ronald Reagan nos Estados Unidos, pouco se sensibilizaram para o problema. Ao contrário, viram na nova doença uma possibilidade de dizimar uma existência indesejável. As indústrias farmacêuticas, por sua vez, administravam seu engajamento no tema apenas pela lógica do lucro.

A doença era grave por levar diversas pessoas rapidamente à morte e ainda era uma ameaça sobre a qual pairava um enorme desconhecimento. Cada vez mais, jovens homossexuais apareciam nos serviços de saúde apresentando sintomas como Síndrome de Kaposi e pneumonia, doenças oportunistas que começaram a causar desconfiança entre os médicos. Os casos se multiplicavam em ritmo acelerado, não demorando muito para que se vinculasse essa nova epidemia a um "grupo de risco" e suas práticas sexuais estigmatiza-das como perigosas. Setores religiosos, inclusive, viram na AIDS um castigo divino para a promiscuidade dos homossexuais, prevalecendo uma lógica de culpabilização dos próprios sujeitos.

Além do discurso religioso, a patologização de um desvio à hete-ronorma não era uma novidade no discurso médico-científico, que não apenas legitimou, mas incitou uma série de violências contra as subjetividades dissidentes. Não à toa, um dos maiores adversários do ativismo, desde seu princípio, foi o poder médico. O que mudou foi

---

[107] Sobre a epidemia no Brasil, vale assistir ao documentário *Carta para além dos muros*, dirigido por André Canto, lançado em 2019 e disponível na Netflix.

que, naquele momento do auge da revolução sexual promovida pelas lutas feministas e LGBTI+ desde a década de 1960, surgiu uma nova doença que, supostamente, atacava apenas os gays.

É compreensível, portanto, que muitas pessoas desconfiassem do diagnóstico e das explicações científicas que lhe acompanhavam. Muitos chegaram a ver na AIDS uma tentativa de abortar os valores do amor desimpedido de amarras morais, do direito ao prazer, da livre expressão da sexualidade que sempre foram a base da mobilização e do modo subversivo de vida dos homossexuais.[108]

Outra parcela do ativismo logo se convenceu da gravidade da situação e iniciou um diálogo com autoridades estatais e médicas para pensar as políticas de saúde, tanto no tratamento de doentes quanto na prevenção de novos casos. O movimento, assim, foi um ator fundamental na construção de uma resposta comunitária e solidária à epidemia que se iniciou em São Paulo e logo foi nacionalizada, tornando-se um modelo internacional.

Reuniões constantes, campanhas de conscientização, distribuição de preservativos, publicação de materiais, pressão nos poderes públicos foram todas táticas utilizadas por esse movimento para conseguir avançar no tratamento e na prevenção ao HIV/AIDS. Grupos diversos foram organizados por todo o país, mais ou menos vinculados com o

---

[108] Assim bem resumiu Perlongher (1985, p. 35-37) com sua escrita poética: "De eficácia duvidosa, esta vasta mudança dos hábitos sexuais choca-se com obstáculos concretos. A promiscuidade, o sexo anônimo, a transa com um desconhecido praticada às pressas no mato, no mictório de um cinema ou na sala de orgias de uma sauna parecem constituir (não há pesquisas estatísticas locais) as formas mais corriqueiras de contato homossexual. Se o novo modelo aparece como menos irreal no seio da 'cultura gay', ele se apresenta como quase inatingível para as 'bichas' mais pobres, que curtem ainda seus 'bofes' na sombra. Nessas condições, as estratégias desencadeadas a partir de um problema real a emergência da AIDS passam por policiar e organizar as sexualidades perversas, no sentido de diminuir a frequência, a diversidade e a intensidade dos encontros. Aqueles que estavam 'fora' da sociedade são hoje instruídos pelo aparelho médico e paramédico no sentido de disciplinar os poros e as paixões. O tão declamado direito a dispor do próprio corpo vai se transformando, no final das contas, no dever de regrá-lo".

ativismo homossexual existente, para fortalecer as demandas e cobrar as autoridades.

Desse modo, ainda que a epidemia tenha provocado um reforço no estigma social que recai sobre a comunidade LGBTI+, isso também teve um efeito de deslocar a ação para o campo da saúde, uma gramática entendida e valorizada na sociedade brasileira, ainda mais em um momento de luta pela estruturação do Sistema Único de Saúde (SUS). Além disso, os convênios e parcerias com ONGs e governos dentro e fora do Brasil permitiu que as organizações do movimento recebessem aportes financeiros, o que serviu tanto para desenvolver ações ligadas à temática do HIV/AIDS, como também para implementar uma infraestrutura e uma profissionalização do ativismo.

Com efeito, na medida em que a AIDS vai se tornando uma epidemia mundialmente reconhecida e que diversos governos são cobrados a dar respostas rápidas e eficazes no controle à circulação do vírus do HIV, proliferam iniciativas de financiamento que beneficiariam, de modo muito significativo, o ativismo homossexual, que, na geração anterior, tinha na falta de estrutura e dinheiro um dos seus principais desafios.

Em outras palavras, à medida que a epidemia se alastrava, métodos contraceptivos, formas de prevenção, práticas sexuais passaram a ser cada vez mais discutidos. Ampliou-se a sexualização da esfera pública. Em certo sentido, a AIDS contribui para retirar a sexualidade do armário, deflagrando uma "epidemia de informação" (TREVISAN, 2018, p. 426), ainda que em uma perspectiva muitas vezes conservadora de associá-la à promiscuidade e, portanto, ao modo de vida gay.[109]

---

[109] Algumas estudiosas vão discutir as ambiguidades presentes no processo de "sidadanização", em referência a SIDA, AIDS em espanhol: "O 'problema', então, não é mais o de ser prostituta, gay ou usuário de drogas injetáveis, desde que o sujeito exerça a autoconsciência de 'querer ser' saudável, exibindo-a 'de forma ostentosa, construindo um princípio fundamental de identidade subjetivada' (Ortega, 2003-2004:14). Esse processo de subjetivação foi acionado via discurso preventivo, promovendo todo um processo de 'SIDAdanização' desses sujeitos. A 'SIDAdanização' implica um processo de 'conversão' que pressupõe a adesão a princípios tipicamente modernos, como a 'individualização' e a 'racionalização',

Aliás, a doença também operou como um divisor dentro da comunidade. Parte dos grupos organizados defendiam que não deviam tratar dessa questão, já que ela levava ao reforço da patologização da homossexualidade justamente no momento em que uma campanha pela despatologização estava em pleno curso. Contudo, apesar das divergências diante de um fenômeno trágico e novo para a comunidade LGBTI+, fato é que a maioria dos grupos entendeu cedo que, não fossem eles próprios a buscar uma resposta comunitária à epidemia, não teriam auxílio algum do Estado ou das indústrias farmacêuticas para salvar suas vidas.

Esta constatação levou os grupos organizados a pensarem em formas inovadoras de ativismos. Primeiro, para criar redes de solidariedade e apoio para a enorme quantidade de pessoas que apresentavam quadro da doença sem ter qualquer suporte financeiro ou afetivo de suas famílias. Sem que houvesse tratamento ou cura à vista, os próprios amigos se responsabilizavam pelo cuidado para assegurar uma sobrevida e uma morte dignas para as vítimas da AIDS.

Além disso, era preciso pressionar os poderes públicos, as autoridades médicas e as indústrias farmacêuticas para que pesquisas e tratamentos começassem a ser implementados e fossem acessíveis a uma população sem muitos recursos. Vale lembrar que a epidemia eclodiu em plena mobilização pelo direito à saúde e por um sistema único e universal que logo se materializaria na Constituição de 1988.

As primeiras políticas de tratamento e de prevenção foram forjadas pela inusitada aliança entre ativistas, médicos e gestores públicos. Exemplo disso foi a Escola Paulo Teixeira, como se pode chamar a

---

que sugerem mudanças ideológicas profundas nas populações visadas. No caso da prevenção, de maneira específica, faz parte dessa conversão a 'responsabilização' do sujeito no que se refere à saúde, à forma de lidar com o corpo e aos vínculos que passaria necessariamente a ter com o sistema oficial preventivo. A politização dos indivíduos almejada pelo modelo preventivo visa constituir bioidentidades, num processo sutil e sofisticado de controle, internalizando a vigilância sobre o corpo e os cuidados a partir dessa 'nova consciência política', como propõe David Armstrong (1993)" (PELÚCIO; MISKOLCI, 2009, [s.p.]).

articulação pioneira realizada em torno da Secretaria de Saúde em São Paulo com o médico Paulo Teixeira à frente de uma visão humanizada para lidar com a epidemia.[110] Era já o momento de ocaso da ditadura. A agenda do movimento homossexual desloca-se da luta contra o autoritarismo para o combate à doença, mantendo-se ainda firme na denúncia das diversas formas de violência LGBTIfóbica por parte do Estado e da sociedade que, afinal, não cessaram com o fim da ditadura.

Com a redemocratização em um horizonte cada vez mais próximo, os canais institucionais de participação política, que estiveram bloqueados desde o início do regime autoritário, pareciam retornar enquanto arenas passíveis de ocupação e disputa por parte dos movimentos. Exemplo privilegiado disto são as candidaturas a parlamentos locais em 1982 que abertamente defenderam os direitos dos homossexuais (CRUZ, 2015). Era a primeira vez em que candidatos e candidatas se engajaram em uma defesa mais ampla e articulada a outras pautas em um movimento importante de renovação das agendas da esquerda, incluindo não só a questão homossexual, mas também raça, gênero, ambientalismo.[111]

A trilha da emancipação, que até então passaria por uma ruptura com o Estado autoritário e com a ordem sexual vigente, começa a se deslocar então para as reivindicações de igualdade de direitos e de cidadania nos marcos da incipiente democracia. É neste contexto que ganha cada vez mais força a demanda pelo reconhecimento legal das uniões entre pessoas do mesmo sexo. Na época, foi bastante comum que as famílias de origem de homens gays e bissexuais mortos em decorrência da AIDS, que os haviam rejeitado quando eles

---

[110] Sobre a Escola Paulo Teixeira e as tensões nas respostas (médica, institucional, ativista, científica) em São Paulo à epidemia, ver: BORTOLOZZI, 2021.

[111] Vale registrar que, em 1978, um candidato a deputado estadual em Pernambuco chega a falar na causa dos homossexuais, reivindicando sua defesa. Ainda que essa tenha sido uma iniciativa mais isolada, chegou a repercutir na imprensa na época. Ver o artigo "Um candidato fala mais alto" em: *Lampião da Esquina*, n, 6, 6 nov. 1978, p. 4.

assumiram suas sexualidades, ressurgissem de repente para reivindicar um eventual espólio (geralmente uma casa ou um apartamento que coabitavam), deixando o companheiro do falecido sem nenhum direito sobre os bens que adquiriram juntos em vida. Assim, a despeito de o casamento parecer uma reivindicação conservadora por, à primeira vista, reproduzir um modelo heteropatriarcal de família e conjugalidade, ele poderia ter feito uma enorme diferença para a vida de milhares de pessoas LGBTI+ que foram vítimas dessas injustiças.

Vale destacar que o processo de progressiva assimilação institucional e de adoção da gramática dos direitos foi um caminho comum aos diversos setores da sociedade civil que vinham se (re)organizando no ocaso da ditadura. Não que a ideia de direitos estivesse totalmente ausente no período anterior, bastando destacar que o nome original do primeiro grupo homossexual, o Somos, era Núcleo de Ação pelos Direitos dos Homossexuais. Mas o encantamento com o processo de cidadanização pela visibilidade jurídica passou a se colocar mais intensamente.

Fato é que os direitos foram assumindo uma centralidade cada vez maior, que não tinham antes, como estratégia hegemônica de ação política. Mulheres, indígenas, negros e LGBTI+ – e outros nem tão novos personagens – entraram em cena e reivindicaram seu reconhecimento não apenas na sociedade, mas na ordem jurídica. Essa marca acompanhou o movimento a partir de então, intensificando-se nas décadas seguintes e com rendimentos significativos de reconhecimento de sujeitos LGBTI+, como veremos a seguir.

Ciclo de institucionalização, visibilidade pública e mercantilização

Na década de 1980, atrelado e paralelamente ao processo de articulação de uma resposta comunitária para a epidemia do HIV/ AIDS – com marcada "onguinização" do movimento, além das mencionadas candidaturas tematizando a defesa dos homossexuais na política institucional –, duas outras campanhas de impacto nacional marcaram o movimento e o tornaram cada vez mais conhecido da opinião pública.

Ainda em 1980, o Grupo Gay da Bahia (GGB) foi fundado na cidade de Salvador e, no ano seguinte, liderou uma das principais campanhas do movimento homossexual brasileiro: a despatologização das homossexualidades. A campanha teve por foco a organização de um abaixo-assinado reivindicando a despatologização da homossexualidade com a remoção do código 302.0 do Instituto Nacional de Assistência Médica da Previdência Social (INAMPS), instituto de assistência e previdência da época.[112]

Desde meados do século XX, com a publicação da primeira versão do *Manual Diagnóstico e Estatístico dos Transtornos Mentais* (*DSM I*) nos Estados Unidos e com suas sucessivas revisões, a homossexualidade foi se estabelecendo enquanto uma "doença mental" entre outras perversões ou desvios de natureza sexual.

A patologização das sexualidades dissidentes, a despeito de remeter a um processo de estigmatização anterior já operado pelo imaginário religioso e legal-criminológico, é algo que se acentua na medida em que a medicina e as técnicas do campo psi se afirmam como discurso hegemônico na racionalidade moderna. Como visto, desde o fim do século XIX, época dos primeiros tratados de psicopatologia sexual, a medicina se debruça no diagnóstico e prognóstico das "inversões sexuais".

A inclusão, portanto, já em meados do século XX, da homossexualidade como doença mental no *DSM I*, que se tornou um importante paradigma do saber e do fazer médicos no mundo todo, reforçou esse processo de patologização, alçando-o a um novo patamar. Uma das principais bandeiras do movimento LGBTI+, como já visto, passou pela reivindicação do abandono de uma perspectiva normativa de cura para a homossexualidade, sustentando-se a naturalidade desse comportamento e dessa identidade.

Nos Estados Unidos, a luta do movimento LGBTI+ quanto a este tópico rendeu frutos ainda na década de 1970, já que a Associação Americana de Psicanálise decidiu por retirar a homossexualidade de

---

[112] AEL/UNICAMP, FUNDO SOMOS, grupo 7, série 2, correspondência recebida, 1981, documento 441.

sua lista de transtornos em 1973, sendo acompanhada pela Associação Americana de Psicologia em 1975. No Brasil, a classificação internacional de doenças servia de base para as associações médicas e órgãos públicos na área de saúde e previdência. Por esta razão, a reivindicação do abaixo-assinado era assim formulada: "Nós, abaixo-assinados, exigimos a exclusão imediata do parágrafo 302.0 do Código de Saúde do INAMPS, que rotula o homossexualismo como 'desvio' e 'transtorno sexual'".

O abaixo-assinado contou com o apoio de uma parcela expressiva de entidades científicas, políticos e personalidades públicas na sociedade brasileira. Com milhares de adesões, a iniciativa demonstrou que era sim possível abrir um diálogo com a sociedade, mobilizando pessoas heterossexuais sensíveis à demanda por igualdade.[113] Depois de mais de 16 mil assinaturas, finalmente, em 9 de fevereiro de 1985, o Conselho Federal de Medicina atendeu à reivindicação, retirando a homossexualidade do código 302.0 e passando-a para o código 2062.9, referente a "outras circunstâncias psicossociais" ao lado de "desemprego, desajustamento social, tensões psicológicas". Isso porque o CID não incluía apenas doenças, mas também códigos que serviam unicamente para classificar os motivos de atendimento médico, produzindo estatísticas nos serviços de saúde.[114]

---

[113] "No Brasil, bem mais recentemente, começaram a surgir alguns movimentos nesse sentido, não só dos assim chamados 'grupos gays', mas também pronunciamentos de algumas sociedades científicas começaram a se fazer presentes. Já ocorreram, por outro lado, manifestações de apoio ou 'moções de repúdio ao código 302.0' por parte de cinco Câmaras Municipais, todas de capitais de estados e todas por unanimidade, bem como idêntica medida tomou uma Assembleia Legislativa. Até o final do ano de 1983, trezentos e nove políticos, desde um governador até cento e sessenta e sete vereadores, já haviam subscrito abaixo-assinado de apoio à moção de determinado 'grupo gay' contrária ao código 302.0 da Classificação Internacional de Doenças da Organização Mundial de Saúde, adotada pelo Governo Brasileiro, que qualifica a homossexualidade como desvio e transtorno mental" (LAURENTI, 1984, p. 344-347).

[114] Boletim do Grupo Gay da Bahia, ano IV, n. 11, junho de 1985.

Curioso notar que o mesmo abaixo-assinado trazia uma outra reivindicação atrelada à despatologização, que era a proteção legal e o enfrentamento à violência: "exigimos também que a Constituição garanta a livre opção sexual dos cidadãos, condenando a discriminação sexual da mesma forma como pune a discriminação racial".[115] De um lado, nota-se que já estava presente a formulação de defesa da "livre opção sexual", pouco mais tarde convertida em "orientação sexual" por causa da compreensão essencialista cada vez mais prevalente, no movimento, de que a homossexualidade é fruto de determinação natural, não uma escolha consciente do sujeito.

Além disso, constata-se uma interessante elaboração de atrelamento interseccional das demandas homossexuais à situação da população negra. Como visto, as articulações entre ambos os movimentos remontam, ao menos, ao ano de 1978, central no processo de reconstrução da sociedade civil pós-ditadura. Naquele momento, os homossexuais estavam se organizando, e os negros retomando uma organização prévia, haja vista que a trajetória do ativismo pela igualdade racial é a mais antiga na história brasileira. Dessa forma, a despeito das diferenças que marcam cada um desses processos de discriminação, fato é que as afinidades acabaram se impondo a ponto de o movimento homossexual formular uma de suas principais reivindicações nos termos de uma equiparação à proteção legal das pessoas negras. Apesar de essa demanda aparecer já nesse texto de 1981, ela somente acabou atendida em 2019, quando o Supremo Tribunal Federal (STF) decidiu criminalizar a LGBTIfobia, considerando-a como espécie de racismo, como veremos mais adiante.

Outra campanha que trilhou diálogos com a institucionalidade e que imprimiria um legado marcante nas décadas seguintes foi a luta travada no processo Constituinte. No bojo da transição, um dos compromissos firmados foi a elaboração de uma nova Carta Magna para dar forma e conteúdo à nascente democracia. Prevaleceu, contudo, não uma Assembleia Constituinte exclusivamente convocada para tal

---

[115] AEL/UNICAMP, FUNDO SOMOS, grupo 7, série 2, correspondência recebida, 1981, documento 441.

fim, mas um Congresso Constituinte, composto pelos parlamentares eleitos em 1986 e que foram encarregados da tarefa de elaboração do novo texto.

Esse processo, apesar dos limites impostos pela conjuntura, desenrolou-se em momento privilegiado da intensificação das lutas sociais no Brasil. Após décadas de represamento das demandas, os movimentos sociais irromperam e organizaram uma disputa nas ruas que transbordou pelas diversas instituições em processo de redemocratização. A Constituinte talvez seja o exemplo mais privilegiado dessa batalha dentro das estruturas, e rendeu frutos importantes tanto do ponto de vista da construção dos direitos como da experiência dos movimentos sociais. Não raras vezes, a enorme quantidade de emendas e propostas apresentadas por distintos setores da sociedade civil foram pautadas e debatidas nas subcomissões específicas, com presença física de representantes e discursos inflamados na tribuna.

Com o movimento homossexual não foi diferente. A Constituinte emergiu como a maior oportunidade de inscrever, no texto constitucional, o reconhecimento e a dignidade das minorias sexuais. A campanha, que teve um porta-voz na pessoa de João Antônio Mascarenhas,[116] advogado, servidor público e fundador do grupo Triângulo Rosa, tinha por objetivo a inclusão da "expressa proibição da discriminação por orientação sexual" na Constituição, conforme proposta também defendida pelo Conselho Nacional dos Direitos da Mulher. Essa união com o movimento feminista é interessante, pois este abriu caminho para o questionamento dos papéis tradicionais de gênero na nossa sociedade, possibilitando uma desnaturalização também da sexualidade.

No discurso intitulado "Homossexualidade e Constituinte", proferido em 27 de abril de 1987, Mascarenhas afirmava que, "se o machismo constitui o móvel da discriminação por sexo, esse mesmo machismo provoca a discriminação por orientação sexual", apontando-o

---

[116] Por ser fluente em inglês, conseguiu construir relevantes redes internacionais de apoio, dialogando e trocando experiências com organizações de outros países que se articulavam em torno dos direitos da população LGBTI+.

como um inimigo comum às causas feminista e homossexual (BRASIL, 1987). Além disso, ele já desenvolvia um argumento bastante utilizado pelo movimento nos anos seguintes, ao sustentar que "proibir a discriminação sexual apenas em lei ordinária seria um ato discriminatório" na medida em que violaria o "princípio da isonomia", dando a impressão de que outras discriminações seriam mais importantes por figurar na Carta Magna.

Mas, ao se levantar contra o preconceito então dirigido a homossexuais, Mascarenhas reforçava estigmas contra as travestis, como se a afirmação daqueles como sujeitos de direitos em um ambiente conservador como a ANC demandasse a marginalização destas, em um complexo processo de inclusão excludente (CARRANO LELIS; VIDAL DE OLIVEIRA, 2021). Neste sentido, em seu discurso na Subcomissão dos Direitos e Garantias Individuais, ele afirmava que um dos grandes problemas da imprensa era "a identificação da homossexualidade com a doença, o transvestismo [*sic*], o atentado ao pudor, a prostituição, o furto e os tóxicos leva o público desavisado a encarar o homossexual como um marginal merecedor de desprezo".

Acrescenta, ainda, que o jornalismo "trata categorias diferentes como se fossem idênticas, estabelecendo, por exemplo, falsa sinonímia entre o homossexual e o travesti-prostituto [*sic*]". O esforço de diferenciação entre homossexuais e travestis, além da manifesta transfobia, traz à tona a efeminofobia bastante difundida – à época e ainda hoje – na comunidade. Tanto que Mascarenhas chega a afirmar que "o protótipo do homossexual brasileiro" seria aquele "tipo extremamente afeminado, cheio de maneirismos grotescos [...] que aparece como um [*sic*] travesti", como se a efeminação exagerada fosse algo indesejável.

A despeito dos limites da visão e do conservadorismo ainda presente no discurso, sem dúvida, tratou-se de um momento importante de visibilização e ocupação de uma arena institucional durante o processo Constituinte. Inclusive ficou evidente, desde então, a articulação parlamentar de setores religiosos, que só se reforçaria nas próximas décadas. Graças à resistência conservadora, a proposta contou com o apoio de apenas pouco mais de um quarto dos constituintes, não alcançando a maioria necessária.

Destaca-se o apoio decisivo da bancada do PT à aprovação, especialmente de parlamentares como José Genoíno e Benedita da Silva. Em 28 de janeiro de 1988, a proposta foi rejeitada por 429 dos 559 deputados constituintes. Diante dessa derrota, Mascarenhas chegou a publicar um livro com crítica contundente ao moralismo e à hipocrisia, intitulado *A tríplice conexão: machismo, conservadorismo político e falso moralismo*. Nessa obra, ele apontou os crimes e atos imorais atribuídos a 96 parlamentares que colaboraram com a derrota da reivindicação, demonstrando a contradição entre imagem e práticas.

Ainda que não tenha sido vitoriosa do ponto de vista de seu principal objetivo, pois o texto constitucional não incorporou a demanda trazida, a verdade é que tal iniciativa deixou consequências importantes em legislações estaduais e municipais posteriores, que promulgaram dispositivos antidiscriminatórios nesse mesmo sentido. No começo dos anos 1990, mais de 70 cidades brasileiras já tinham incluído, em suas respectivas Leis Orgânicas, a proibição à discriminação por orientação afetivo-sexual, passando-se o mesmo com três Constituições estaduais.[117] Além disso, em 2019, quando o STF criminalizou a LGBTIfobia, que passou a ser considerada uma espécie do gênero racismo, pode-se dizer que reconheceu precisamente a tese levantada nos primórdios do movimento homossexual brasileiro, o que demonstra como a ideia de ciclo é mais interessante para pensar os modos como as reivindicações se colocam e se reatualizam em diferentes períodos históricos.[118]

Tais campanhas, que expressaram anos de amadurecimento e acúmulos, ajudaram a forjar uma nova percepção do ativismo em

---

[117] Conforme esclarece Mott (2006, p. 512): "Em 1990, outra conquista crucial: em Salvador, por iniciativa do Grupo Gay da Bahia, pela primeira vez em toda a história continental, é aprovada Lei Orgânica Municipal proibindo a discriminação baseada na orientação sexual, exemplo seguido por 74 municípios de norte a sul do país e por três constituições estaduais, de Mato Grosso, Sergipe e Distrito Federal".

[118] Para uma análise mais aprofundada da argumentação jurídica apresentada ao STF, ver: IOTTI, 2020.

relação às institucionalidades. Começava-se a desbravar cada vez mais as possibilidades de disputas institucionais, que apresentavam um horizonte concreto de conquistas, ainda que limitado pela democracia incipiente e pelo preconceito arraigado na sociedade.[119] Do ponto de vista da visibilidade, tais iniciativas ocuparam um lugar de cada vez maior destaque na mídia. Essas campanhas, junto com a epidemia do HIV/AIDS, conferiram existência pública aos homossexuais, que passaram a estar presentes em cada vez mais lugares e de modo cada vez menos clandestino.

Os anos 1990, neste sentido, foram fundamentais para uma saída do armário mais definitiva por parte da comunidade LGBTI+. O acúmulo de anos de experiência de ativismo organizado, um diálogo bem estabelecido com diversas instituições de Estado, a consolidação de um mercado voltado para esse segmento, a presença cada vez mais marcante de uma subcultura LGBTI+ são elementos que atestam o crescimento reconhecido dessa população pelo conjunto da sociedade.

No entanto, algo que serve de termômetro para aferir o peso da presença LGBTI+ na esfera pública são as Paradas do Orgulho LGBTI+, que começam em meados da década de 1990 no Rio e em São Paulo, sendo posteriormente também realizadas em centenas

---

[119] O ápice desse processo de institucionalização e conquista de políticas públicas aconteceria já nos anos 2000. Em 2001, foi criado o Conselho Nacional de Combate à Discriminação (CNCD). Em 2002, foi lançado o Programa Nacional de Direitos Humanos II. Em 2004, foi lançado o Programa Federal Brasil Sem Homofobia. Em 2007, realizou-se o I Seminário Nacional de Segurança Pública e Combate à Homofobia, promovido em parceria pela Secretaria Nacional de Segurança Pública e pela ABGLT. Em 2008, ocorreu a histórica 1ª Conferência Nacional de Gays, Lésbicas, Bissexuais, Travestis e Transexuais, com a presença do presidente Lula na abertura. Em 2009, lançou-se o Plano Nacional de Promoção da Cidadania e Direitos Humanos LGBT. Em 2010, criou-se o Conselho Nacional de Combate à Discriminação e Promoção da Cidadania de Lésbicas, Gays, Bissexuais, Travestis e Transexuais. Em 2011, teve lugar a 2ª Conferência Nacional LGBT. Em 2013, foi lançada a Política Nacional de Saúde Integral de Lésbicas, Gays, Bissexuais, Travestis e Transexuais. Em 2016, ocorreu a 3ª Conferência de Políticas Públicas de Direitos Humanos de LGBT.

de outras cidades por todo o país. É sempre difícil definir o que é a primeira Parada, nome que foi dado para manifestações que já vinham acontecendo desde o início da organização do movimento LGBTI+ no Brasil. Lembre-se, por exemplo, dos já mencionados atos de rua em São Paulo com a presença de ativistas e grupos homossexuais como o 13 de junho de 1980, episódio icônico contra a violência policial.

Aliás, é possível considerar que o primeiro ato público convocado por homossexuais e com um protesto de rua com faixas e bandeiras bem definidas foi precisamente o realizado em 13 de junho de 1980, que poderia ser tido como a primeira Parada em nosso país. No entanto, a despeito de ser uma manifestação de rua como diversas outras que já tinham acontecido, é também verdade que, durante os anos 1990, as Paradas assumiram uma formatação singular. Inspiradas nas marchas do orgulho feitas anualmente em junho para rememorar e celebrar a revolta de Stonewall, aqui no Brasil, elas adquiriram contornos específicos e tons carnavalizados.

Em 1995, após o encerramento da 17ª Conferência da ILGA (Associação Internacional de Lésbicas, Gays, Bissexuais, Trans e Intersexo) na cidade do Rio de Janeiro, houve uma pequena marcha das pessoas presentes no encontro pela praia de Copacabana com uma grande bandeira com as cores do arco-íris. Nesse mesmo ano, ocorreu o XIII Encontro Brasileiro de Gays e Lésbicas em Curitiba, marcado pela fundação da primeira associação de caráter nacional do movimento, a Associação Brasileira de Lésbicas, Gays, Bissexuais, Travestis, Transexuais e Intersexos (ABGLT), atuante até hoje.[120]

No ano seguinte, em São Paulo, pouco mais de quinhentas pessoas se reuniram na Praça Roosevelt em São Paulo com cartazes e discursos contra a discriminação, mas ali permaneceram sem caminhadas. Em fevereiro de 1997, ocorreu o IX Encontro Nacional de Gays, Lésbicas e Travestis junto com o II Encontro Brasileiro de Gays e Lésbicas que Trabalham com AIDS, em São Paulo, que terminou com uma

---

[120] Ver: https://www.abglt.org/. Acesso em: 2 maio 2022.

passeata de umas duzentas pessoas desde o local do encontro no Largo do Arouche até o Teatro Municipal.[121]

Todos esses eventos entre 1995 e 1997 podem ser considerados precursores da Parada – ou, ainda, como ensaios de uma primeira versão dela. É mais aceito, no entanto, que a Parada, em sua formatação atual, tenha se iniciado em junho de 1997. Grupos que atuavam sobretudo em São Paulo e Campinas, como o CORSA (Cidadania, Orgulho, Respeito, Solidariedade e Amor), o Centro Acadêmico de Estudos Homoeróticos da USP (CAEHUSP), a ABGLT, o Mix Brasil, o Expressão, o Núcleo de Gays e Lésbicas do PT (NGLPT) e o Grupo de Gays e Lésbicas do PSTU (GGLPSTU), com o apoio da Comissão de Direitos Humanos da Câmara Municipal paulistana e da Casa de Apoio Brenda Lee, organizaram a histórica manifestação que partiu da frente do prédio da Gazeta na Avenida Paulista e foi até a Praça Roosevelt no centro. Era um sábado, 28 de junho, em referência direta a Stonewall, com umas 2 mil pessoas acompanhando o trajeto.

No convite para o evento, pode-se ler o nome então utilizado, Parada do Orgulho GLT (gays, lésbicas e travestis). Além disso, consta um recado bem-humorado: "Venha montada, desmontada, fantasiada, casada, descasada, solteira, de bota ou de tamanco. Afinal, quem vai notar você no meio da multidão?". Usa-se o anonimato da aglomeração como um fator de convencimento para aquelas pessoas que ainda não tinham se assumido inteiramente ou que não queriam ser vistas ali, inclusive com algumas delas usando máscaras durante a passeata para não expor os rostos.

O tema da Parada, que se tornará uma tradição e mudará a cada ano expressando diferentes reivindicações do movimento, em 1997 era "Somos muitos, estamos em todos os lugares e em todas as profissões". Havia, assim, um esforço de visibilização das pessoas GLTs, sigla mais utilizada à época, frisando-se que elas estão em toda parte com o claro intuito de romper as barreiras do gueto e reivindicar uma integração à sociedade.

---

[121] Ver: https://bit.ly/3LAzMQj. Acesso em: 2 maio 2022.

Nos anos seguintes, diversos foram os lemas que embalaram as Paradas de Orgulho paulistanas conforme elas cresciam e se tornavam não só a maior manifestação LGBTI+ do mundo, mas também a mais numerosa mobilização popular brasileira desde a campanha das Diretas Já. Diversos foram os temas das Paradas ao longo dos anos, mas a afirmação da cidadania, a educação para a diversidade e o combate à LGBTIfobia são as questões centrais e predominantes durante esse tempo todo, evidenciando como reivindicações múltiplas se atualizam e se recolocam em ciclos diversos do movimento:

Tabela 1: Lista de edições da Parada do Orgulho LGBTI+

Ano	Tema/Slogan
1997	*Somos muitos, estamos em todas as profissões*
1998	*Os direitos de gays, lésbicas e travestis são direitos humanos*
1999	*Orgulho gay no Brasil, rumo ao ano 2000*
2000	*Celebrando o orgulho de viver a diversidade*
2001	*Abraçando a diversidade*
2002	*Educando para a diversidade*
2003	*Construindo políticas homossexuais*
2004	*Temos família e orgulho*
2005	*Parceria civil, já. Direitos iguais! Nem mais nem menos*
2006	*Homofobia é crime! Direitos sexuais são direitos humanos*
2007	*Por um mundo sem racismo, machismo e homofobia*
2008	*Homofobia mata! Por um Estado laico de fato*
2009	*Sem homofobia, mais cidadania – pela isonomia dos direitos!*
2010	*Vote contra a homofobia: defenda a cidadania!*

Ano	Tema/Slogan
2011	*Amai-vos uns aos outros: basta de homofobia!*
2012	*Homofobia tem cura: educação e criminalização*
2013	*Para o armário nunca mais – união e conscientização na luta contra a homofobia*
2014	*País vencedor é país sem homolesbostransfobia: chega de mortes! Criminalização já!*
2015	*Eu nasci assim, eu cresci assim, vou ser sempre assim: respeitem-me*
2016	*Lei de identidade de gênero, já! – todas as pessoas juntas contra a transfobia!*
2017	*Independentemente de nossas crenças, nenhuma religião é lei! Todas e todos por um Estado laico*
2018	*Poder para LGBTI+, nosso voto, nossa voz*
2019	*50 Anos de Stonewall – nossas conquistas, nosso orgulho de ser LGBTI+*
2020	*Democracia*
2021	*HIV/AIDS: Ame+Cuide+Viva*
2022	*Vote com orgulho: por uma política que representa*

Paralelamente a essas intervenções de enorme impacto na esfera pública, o fato de homossexuais não poderem se casar e, sobretudo, ter filhos despertou logo a atenção de empresas interessadas em explorar o grande potencial de consumo desse público. Isso levou a uma combinação singular entre visibilidade e mercantilização que aprofundou a clivagem de classe dentro da comunidade, estigmatizando LGBTI+ mais pobres enquanto as mais abastadas gozam dos privilégios de sua posição na hierarquia social, tema que será aprofundado no Capítulo 5.

Ciclo da cidadanização, da diversificação e dos direitos

A comunidade LGBTI+ chega na virada dos anos 2000 a um patamar inédito de visibilidade, capilaridade e força política. A representatividade também se tornou um ativo fundamental de um movimento cada vez mais consciente de que é composto por muitas letras na sopa de letrinhas LGBTI+.

Como vimos, os homens gays cisgêneros protagonizaram os primeiros espaços de articulação do movimento, logo ocupados também pelas mulheres lésbicas cisgêneras que, com muita articulação e engajamento, combatiam o machismo enraizado no ativismo. As travestis, apesar de terem uma longa história de resistências individuais e coletivas, em virtude da transfobia desses espaços e da dificuldade de acessar a educação e o mercado de trabalho formal ficaram por muito tempo excluídas dos fóruns organizados do movimento.

Mas, em 1992, essa história muda de vez. A partir da iniciativa das travestis Beatriz Senegal, Josy Silva, Cláudia Perrone France, Jovanna Baby, Elza Lobão e Monique Du Bavieur, é fundada a Associação de Travestis e Liberados, mais conhecida como ASTRAL, no Rio de Janeiro.[122] Foi graças às campanhas de prevenção de ISTs (infecções sexualmente transmissíveis, especialmente HIV/AIDS) e de conscientização da saúde entre prostitutas por parte do ISER (Instituto Superior de Estudos da Religião) que nasceu essa articulação pioneira. A ASTRAL terá uma atuação decisiva nos anos seguintes, tanto no combate à violência no Rio de Janeiros

---

[122] "Então o marco histórico de fundação do nosso movimento politicamente organizado aconteceu no dia 15 de maio de 1992, quando nós seis, as fundadoras Jovanna Cardoso, Elza Lobão, Beatriz Senegal, Josy Silva, Monique DU Bavieur e Claudia Pierre France demos entrada no cartório do registro da ASTRAL, a primeira organização brasileira de travestis e transexuais. Até o momento, as pesquisas apontam que a nossa associação foi a primeira da América Latina e possivelmente seja de fato a primeira do mundo, já que as outras instituições eram mistas de gays, lésbicas e travestis" (DA SILVA, 2021, p. 23). Esse livro é um importante registro e depoimento da história política do ativismo trans no Brasil.

quanto na mobilização de uma rede nacional de travestis, que logo se transformaria na ANTRA (Associação Nacional de Travestis e Transexuais) em 1997, até hoje uma das principais redes do movimento LGBTI+ brasileiro.[123]

Naquele momento, as reivindicações pela saúde e pela cidadania jurídica da comunidade vão ganhando uma força cada vez maior. A despeito de o horizonte de aquisição de direitos estar presente desde os primórdios do movimento, com o grupo em São Paulo chamado Núcleo de Ação pelos Direitos dos Homossexuais, que ostentava isso em seu próprio nome, a demanda pelo reconhecimento jurídico intensificou-se gradativamente e se tornou cada vez mais central a partir dos anos 2000.

Como vimos, desde a Constituinte investiu-se na arena legislativa para lograr uma proteção jurídica à população homossexual. Nos anos 1990, diversos são os projetos de lei apresentados, sobretudo aqueles relativos à garantia de direitos das uniões entre pessoas do mesmo sexo. Mas o conservadorismo persistente no Congresso Nacional, com uma bancada fundamentalista religiosa ciente de seu poder de veto, impediu o avanço de quaisquer proposições sobre direitos sexuais. É sintomático, nesse sentido, que até hoje não tenha havido, no Congresso Nacional, a aprovação de uma única lei específica em favor dos direitos LGBTI+.[124]

Diante do travamento da agenda no Poder Legislativo, o campo das políticas públicas concebidas e implementadas pelo Poder Executivo nos diferentes níveis federativos tem sido uma arena privilegiada para os avanços na garantia dos direitos LGBTI+ desde

---

[123] Ver: https://antrabrasil.org/. Acesso em: 2 maio 2022.

[124] Ver: https://bit.ly/3MFxrnj. Acesso em: 2 maio 2022. Vale ressalvar que há referências pontuais em legislações de outras matérias a questões de sexualidade: "No plano legislativo interno, há duas referências na legislação federal: a Lei n 9.612, de 1998, que trata da proibição de discriminação por motivo de 'preferências sexuais' na programação da radiodifusão comunitária, e a Lei n 11.340, de 2006, que combate a violência doméstica e familiar contra a mulher, sem distinção de orientação sexual" (RIOS, 2015, p. 333).

os anos 2000, sobretudo nas pastas de saúde, educação, assistência social e trabalho.

Mas outra arena privilegiada na trajetória da cidadania sexual é o Poder Judiciário. Em um momento de progressiva judicialização da vida social e vocacionado para uma atuação contramajoritária na proteção dos direitos fundamentais e das liberdades públicas, o sistema de justiça tem sido encarregado cada vez mais da tarefa de fazer avançar os direitos LGBTI+.

Exemplo disso é que os primeiros casos de reconhecimento jurídico de uniões formadas por pessoas homossexuais, para fins previdenciários e fiscais, aconteceram, por decisões judiciais inovadoras, em meados dos anos 1990. Essas decisões pioneiras não eram de direitos civis, mas envolviam direitos sociais, conformando uma cidadania com uma sequência de estágios diferenciada em relação ao padrão de outros países centrais.[125] Mas isto não se deu sem resistência, considerando o caráter conservador dos membros do elitizado e corporativo Poder Judiciário brasileiro. Instâncias superiores, frequentemente, revogaram os efeitos de decisões de juízes progressistas no sentido de estender aos casais homossexuais os mesmos direitos assegurados aos heterossexuais.

Essa batalha jurisprudencial – que era uma verdadeira loteria para pessoas LGBTI+, que poderiam ou não ver suas demandas atendidas a depender das convicções do magistrado da ocasião – só se resolveu com uma decisão unânime do STF, nas ADPF 132 e ADI 4277, proferidas em maio de 2011, quando, em uma ação de alcance abstrato e maior amplitude, foi reconhecida a união estável homoafetiva. Diante da resistência de certos cartórios para formalizarem os pedidos mesmo após a referida decisão do STF, em 2013, o Conselho Nacional de Justiça editou a Resolução 175, que determinou não apenas o dever dos tabeliões de celebração da união estável, mas também do casamento civil entre pessoas do mesmo sexo.

---

[125] MARSHALL, 1996. Ver também: CARVALHO, 2005. Para uma leitura específica sobre cidadania sexual, ver: MOREIRA, 2017.

Há uma década, portanto, o STF atendeu uma das principais reivindicações do movimento LGBTI+ brasileiro: a extensão aos casais homoafetivos dos mesmos direitos assegurados às uniões heteroafetivas. Era a primeira vez em que nossa Suprema Corte se debruçava, em profundidade e com efeitos amplos, sobre o tema da diversidade sexual. Por unanimidade e com base nos princípios da dignidade da pessoa humana, da igualdade e da não discriminação, os ministros deram maior amplitude ao conceito de família no ordenamento jurídico.

Isso não significa dizer que, até então, não tivéssemos casais entre pessoas do mesmo sexo no Brasil. A verdade é que famílias LGBTI+ sempre existiram, apesar das violências. Mas elas tinham de ser sempre clandestinas, discretas, invisibilizadas porque repelidas pelas instituições do Estado. O casamento se tornou uma bandeira central da comunidade LGBTI+ porque parecia o caminho natural para restituir a esse grupo marginalizado exatamente aquilo de que foi privado por força do preconceito: uma família. Rejeitadas pelos pais e por outros parentes, muitas dessas pessoas acabavam expulsas ou tinham de fugir de casa, rompendo com os laços de sangue e afetivos cuja ausência marca a vida de qualquer um.

Além disso, como visto acima, a epidemia do HIV/AIDS, então equivocadamente chamada de "peste gay", teve um enorme impacto em gerações de homossexuais, demonstrando a importância das redes de cuidado e proteção. Foram muitos os casos em que companheiros se viram impedidos de acompanhar o tratamento hospitalar das pessoas que amavam por não serem considerados familiares. Enquanto isso, as famílias de sangue, que haviam renegado seus filhos homossexuais, apareciam após sua morte apenas para reivindicar o espólio existente, privando de qualquer direito quem conviveu toda uma vida com aquela pessoa.

Ainda que não se negue o caráter essencialmente conservador do casamento, nota-se que a luta não era somente por reproduzir uma instituição cristã e familista, mas também por assegurar um tratamento igualitário do ponto de vista dos direitos familiares e sucessórios como herança, aposentadorias e pensões, enfim, dimensões práticas da vida de qualquer casal na nossa sociedade. Por tudo isso, a decisão de 2011 do STF é tão relevante. A partir dela, com o complemento da Resolução 175 de 2013 do CNJ, não se poderia mais sonegar direitos às uniões e casamentos entre pessoas do mesmo sexo no Brasil.

Além disso, ela é também fundamental por ter inaugurado uma "revolução de direitos" na construção da cidadania legal das pessoas LGBTI+. Nos anos seguintes, viriam decisões do STF sobre adoção por casais homoafetivos (2015), direito à identidade de gênero diretamente nos cartórios, sem necessidade de laudo médico, autorização judicial ou cirurgia de redesignação sexual (2018), criminalização da LGBTfobia (2019), doação de sangue por homens que fazem sexo com outros homens (HSH) (2020), constitucionalidade da educação sexual e de gênero nas escolas (2020), bem como o direito à escolha para presas transexuais e travestis em cumprir penas em estabelecimento prisional feminino ou masculino (2021).

Tal repertório de garantias insere o Brasil em uma seleta e pequena lista de países que asseguram, ao menos oficialmente, os principais direitos de orientação sexual e de identidade de gênero. Com efeito, além da luta contra a violência e o preconceito, foram as reivindicações de casamento igualitário para homossexuais e de uso do nome social e do gênero autopercebido pelas pessoas trans nos documentos que constituíram as principais bandeiras desse movimento social nas últimas décadas (e século).

Um olhar apressado e formalista, dirigido apenas às decisões judiciais, poderia sugerir que a comunidade LGBTI+ já não teria mais razão para lutar, afinal, todas as bandeiras historicamente reivindicadas encontram-se formalmente atendidas. No entanto, a distância entre lei e realidade ainda é abissal. Há um longo caminho ainda a ser percorrido para que, no país que mais mata pessoas LGBTI+ em todo o mundo, possamos ter uma cidadania efetiva para as minorias sexuais e de gênero.

A centralidade das políticas públicas e das decisões judiciais, diante da inexistência de uma lei em sentido formal, confere certas particularidades ao processo brasileiro de construção da cidadania sexual.

Até o momento e a despeito das inúmeras iniciativas de projetos de lei, não há sequer uma legislação mais ampla de direitos LGBTI+ que tenha sido aprovada.

Em primeiro lugar, pode-se destacar que há uma precariedade e uma fragilidade nas políticas de diversidade, pois a alteração de uma decisão do Judiciário ou de uma norma do Executivo é mais simples e fácil de ocorrer do que a mudança de uma lei em sentido formal, o que demanda uma maioria parlamentar, além de estar sujeita a controle judicial. Além disso, notam-se certas inconsistência e falta de regularidade na atuação estatal, pois as políticas públicas se modificam a depender do chefe do Executivo ou dos membros das pastas responsáveis pela implementação, comprometendo a continuidade e a efetividade dessas políticas.

Ainda que nenhum direito seja eterno, mesmo quando escrito na lei, há formas distintas de salvaguarda institucional que levam a graus também diferentes de proteção. Uma lei daria maior segurança por contar com um debate público mais amplo e uma maior legitimidade na sociedade.

Isto é especialmente importante, sobretudo neste momento em que o STF é atacado por grupos da sociedade civil e o presidente da República indicou um ministro "terrivelmente evangélico", André Mendonça, para assumir uma vaga da Corte. Mesmo que as decisões a favor da comunidade LGBTI+ tenham sido unânimes ou por maioria expressiva, sabemos do poder e da influência que encerram a caneta de um único ministro, bem como dos efeitos de restrição a direitos que podem advir daí.

Na atual conjuntura, em que se nota uma cruzada moral conservadora aliada a uma degradação institucional sem precedentes da democracia, os direitos LGBTI+, que são tão recentes, correm riscos. Quando a comunidade LGBTI+ chegou ao universo da cidadania desenhada pela Constituição de 1988 – ao menos do ponto de vista formal –, parece que todo o edifício da democracia está ruindo por dentro. Sem direitos humanos e instituições funcionando, em um processo evidente de desdemocratização e de autocratização, pouco resta de horizonte aos direitos LGBTI+. Com o perdão da metáfora, chegamos há pouco a uma festa para a qual nos prepararmos por décadas, mas minutos depois de a música já ter parado de tocar.

Os desafios pela frente, portanto, são muitos. Avançamos demais até aqui, mas é essencial preservar as conquistas já materializadas em políticas públicas e decisões judiciais. É também preciso atravessar os obstáculos de acesso à justiça no Brasil para os grupos vulneráveis. Não haverá direitos se não conseguirmos tornar os cartórios, salas de audiências, gabinetes de magistrados e promotores espaços menos hostis e mais diversos. Isto só será possível, também, tensionando entendimentos conservadores na construção dos direitos LGBTI+, conforme veremos no último capítulo.

Ciclo de *backlash*[126] e bolsonarismo[127]

Velho conhecido das minorias sexuais e de gênero, Jair Bolsonaro sempre foi tido como um político de nicho bastante específico, com quase trinta anos de atuação parlamentar dedicados a sustentar posições extremistas, mesmo para a média do pensamento conservador brasileiro. Dotado de uma forma de atuar caricata, sempre à margem do centro do poder e com uma expressão pública irrelevante até muito recentemente, ele conseguiu se viabilizar como a principal alternativa eleitoral em um sistema político em colapso.

A eleição de Bolsonaro para presidente, em uma campanha baseada na combinação de discursos de ódio com *fake news*, tem ainda despertado diversas análises com o objetivo de compreender essa vitória algo surpreendente. Afinal, como seria possível aclamar chefe da nação um candidato que desqualifica a democracia, vocifera preconceitos e estimula violências contra diversos grupos vulneráveis?

A questão é complexa e demanda uma reflexão em distintos níveis e frentes. Certamente, há fatores determinantes que vão desde

---

[126] Sobre o conceito de *backlash*, um marco da discussão é o trabalho originalmente publicado em 1991 de FALUDI, 2001.

[127] Aqui condenso algumas reflexões que realizei nos seguintes textos: QUINALHA, 2019a; QUINALHA, 2018.

a violência estrutural naturalizada na formação da pouco cordial sociedade brasileira até o colapso institucional da Nova República, passando pelo antipetismo alimentado pela mídia e por setores do Judiciário em uma cruzada – um tanto seletiva – contra a corrupção nos últimos anos. Todas essas variáveis são decisivas, mas uma dimensão ainda é negligenciada no debate público sobre a emergência da variante tupiniquim do conservadorismo atual: sua íntima associação com uma política moral e sexual.

É verdade que todos os regimes políticos e formas de governo dispõem, em maior ou menor grau, de normas e instituições para regular dimensões da vida familiar e sexual de seus cidadãos. A invasão da esfera particular não é uma exclusividade de ditaduras. No entanto, quanto mais fechados e conservadores são o regime político e o governo de plantão, maior a tendência em intensificar modos de controle sobre os corpos e sexualidades. A partir desta perspectiva, pode-se afirmar que um indicador fundamental do grau de liberdade, inclusão e democracia de um determinado regime ou governo é a maneira como ele integra ou não uma agenda de diversidade sexual e de gênero nos discursos oficiais e nas políticas públicas.

A afinidade eletiva entre autoritarismo político e conservadorismo é patente. Há uma inequívoca agenda moral embutida na eleição de Bolsonaro para presidente do Brasil. Mais do que isso, pode-se afirmar que uma moralidade conservadora não é um mero acessório, mas tem sido um dispositivo central na trajetória política de Bolsonaro, na sua campanha eleitoral, na vitória selada de 2018 e na sua forma de governar. Mobilizando valores associados à defesa da família tradicional, à heterossexualidade compulsória e a uma visão de mundo religiosa, as bandeiras do presidente refletem o êxito de um pânico moral[128] há

---

[128] Toma-se aqui o conceito desenvolvido e popularizado pelo sociólogo Stanley Cohen. Segundo ele, pânico moral se configuraria quando "uma condição, episódio, pessoa ou grupo de pessoas emerge para ser definido como uma ameaça aos valores e interesses sociais, a sua natureza é apresentada de uma maneira estilizada e estereotípica pelos *mass media*; barricadas morais são fortalecidas [...]" (COHEN, 1987, p. 9).

tempos alimentado e que coloca em linha de mira, precisamente, a comunidade LGBTI+.

Antes mesmo de ser eleito, um dos alvos privilegiados dos ataques verbais de Bolsonaro já eram os homossexuais. Comprovação disso é o fato de haver mais de uma centena de declarações homofóbicas dele nos últimos anos, todas documentadas e compiladas pela mídia.[129] É verdade que outros grupos vulneráveis como mulheres, negros, quilombolas e indígenas também mereceram um conjunto expressivo de declarações agressivas e depreciativas por parte de Bolsonaro. Contudo, os homossexuais parecem ser, há anos, um caso de especial predileção pelo presidente: há uma incitação constante e explícita à violência física e até mesmo ao extermínio dessa população.

"Ter filho gay é falta de porrada" e afirmações afins abundam nas intervenções públicas do ex-deputado. São declarações que colocam em xeque, sem qualquer pudor, o direito a ser e existir de um segmento da população, além de respaldar os já alarmantes índices de violência letal contra LGBTI+. Mais recentemente, já no contexto das eleições presidenciais de 2018, em um esforço momentâneo por acenar à moderação para forjar uma imagem mais palatável, ainda que cultivando uma boa dose de seu habitual extremismo, Bolsonaro acenou para um discurso de tolerância ao afirmar que "os homossexuais serão felizes se eu for presidente".[130]

No entanto, a promessa do presidente não foi levada a sério. Uma das ministras mais poderosas e influentes, Damares Alves, tem promovido um desmonte e uma evangelização das pautas de direitos humanos. Bolsonaro anunciou, em suas redes sociais, que seu primeiro ministro da Educação seria o filósofo Ricardo Veléz Rodríguez, e este declarou que trabalharia pela "preservação de valores caros à sociedade brasileira, que, na sua essência, é conservadora e avessa a experiências que pretendem passar por cima de valores tradicionais

---

[129] Ver: https://bit.ly/3F5zpuH. Acesso em: 2 maio 2022.

[130] Ver: https://bit.ly/3kqsSkF. Acesso em: 2 maio 2022.

ligados à preservação da família e da moral humanista".[131] Depois de poucos meses de Veléz, vieram Abraham Weintraub (2019 até 2020) e, em seguida, Milton Ribeiro (até 2022), todos eles sustentados pela bancada fundamentalista religiosa que compõe a base de apoio do atual governo. A verdade é que Bolsonaro vem mantendo uma perfeita coerência entre sua trajetória e seu governo. Fiel à sua base, o centro do programa bolsonarista é o combate à "ideologia de gênero" e a defesa do "Escola Sem Partido".

A despeito de não terem sido inventadas por Bolsonaro, ambas as estratégias discursivas foram intensamente mobilizadas nesse pânico moral que o beneficiou durante a campanha. Qualquer tentativa de reflexão sobre pluralidade e laicidade nas escolas, sob essa perspectiva, já deve ser tachada de partidarização, ideologia marxista e proselitismo comunista. Qualquer tentativa de discussão sobre a importância da educação sexual para crianças e adolescentes deve também ser caracterizada como apologia à homossexualidade e à transgeneridade.

Catalisando iniciativas que já vinham se proliferando em escolas por todo o país, Bolsonaro intensificou a patrulha contra a "doutrinação" praticada por professores, prometendo uma educação "desideologizada" sob um novo formato, resumido no lema "Escola Sem Partido". A pedagogia deveria, assim, ser "neutra". Os currículos, com menos filosofia e sociologia, priorizando disciplinas mais técnicas que preparem os estudantes diretamente para o mercado de trabalho e a universidade, como Matemática e Português. Ademais, deveria ficar a cargo dos pais a exclusividade da formação moral, sexual e política dos seus filhos, retirando da escola qualquer discussão sobre valores.

Outro foco importante nessa cruzada, complementar ao programa Escola Sem Partido, tem sido o combate contra a "ideologia de gênero", um conjunto de ideias que naturalizariam comportamentos de gênero e sexualidade desviantes, mesmo nas crianças. Nesse sentido, o *kit gay*, expressão criada pela bancada evangélica fundamentalista em 2011 para desqualificar um material educativo anti-homofobia

---

[131] Ver: http://glo.bo/3y87bxF. Acesso em: 2 maio 2022.

desenvolvido no âmbito do governo federal, foi ressuscitado como o maior espantalho moral das eleições. Alegava-se que os governos petistas haviam criado um kit para convencer crianças a serem homossexuais ou travestis, associando essa suposta sexualização precoce, inclusive, à prática de pedofilia.

Os setores conversadores tomaram consciência de que o espaço escolar tem sido o epicentro das disputas de valores em nossa sociedade. Por isso, um dos eixos da agitação de Bolsonaro diz respeito, precisamente, a pautas educacionais, inclusive com tentativas recentes de fazer avançar a prática do *homeschooling* (educação domiciliar). Considerando a força e a precedência que o Poder Executivo tem para conceber e implementar as políticas públicas na educação, têm-se verificado retrocessos significativos com o subfinanciamento e o desmonte nessa área, ainda que o STF tenha já se posicionado em diversos casos pela inconstitucionalidade de legislações na linha Escola Sem Partido.[132]

Outra esfera em que os retrocessos já se fizeram concretos antes mesmo da posse do novo governo é a saúde pública. A política brasileira de prevenção e tratamento do HIV/AIDS é reconhecida e elogiada em todo o mundo. A própria construção do SUS, com a busca da positivação do direito à saúde no processo de redemocratização, são inseparáveis das lutas por um tratamento gratuito, eficaz e multidisciplinar para pessoas convivendo com o HIV/AIDS, como visto.

Para além dos ataques já prenunciados aos princípios da gratuidade, da integralidade e da universalidade do SUS, sobretudo após a aprovação do novo regime fiscal com o teto de gastos públicos (EC 95/2016) e mesmo em contexto de pandemia, despertaram especial preocupação as declarações, inclusive de um ministro da Saúde, que apontavam para a visão estigmatizadora de responsabilização moral de pessoas vivendo com HIV/AIDS. Segundo essa visão, haveria um custo exagerado na política de combate à AIDS por causa de uma

---

[132] Ver: https://bit.ly/3ky5BgK. Acesso em: 2 maio 2022.

"banalização da doença".[133] Esse tipo de discurso, que foi muito comum quando da emergência da epidemia e que parecia superado nas políticas públicas de saúde, agora retornou, ameaçando o tratamento e a vida de parte das 920 mil pessoas que vivem com HIV no Brasil, segundo dados de 2020.

Desde que Bolsonaro venceu as eleições, as preocupações vêm aumentando entre a comunidade LGBTI+, despertando uma corrida por casamentos[134] e mudanças de prenome e sexo nos documentos, em decorrência do receio de reversão nos direitos civis. Afinal, deve-se levar a sério as declarações LGBTIfóbicas proferidas pelo presidente? Ou se pode acreditar no mantra "as instituições estão funcionando perfeitamente no país", agarrando-se à esperança de que os impulsos homofóbicos do presidente serão enfraquecidos e neutralizados por um sistema de justiça vigilante e comprometido com os direitos humanos?

Independentemente das respostas que tenhamos para essas questões sobre os próximos anos, por certo já se tem reforçado a naturalização da violência contra pessoas LGBTI+, como vem ocorrendo desde o contexto pré-eleitoral. Abriu-se mais espaço para manifestações discriminatórias a partir das falas LGBTIfóbicas da mais alta autoridade da nação. Também há retrocessos nos campos em que o Executivo tem maiores protagonismo e autonomia para implementação das políticas públicas, como saúde e educação.[135] Já em relação aos direitos reconhecidos pelo STF, a tendência é que persista um constrangimento institucional para qualquer agenda regressiva que o Executivo tente impor, ainda mais em um contexto de tensão entre poderes. A Suprema Corte não poderá permanecer indiferente diante de tentativas de boicote às suas decisões, sob pena de perda de sua autoridade e legitimidade. Além disso, certamente haverá resistência articulada do movimento LGBTI+ à tentativa de retirada de direitos. O fato de ter havido a criminalização da LGBTIfobia em 2019, sob

---

[133] Ver: http://glo.bo/3s78MA2. Acesso em: 2 maio 2022.

[134] Ver: http://glo.bo/3KCk06e. Acesso em: 2 maio 2022.

[135] Ver: https://bit.ly/3KC7SlJ. Acesso em: 2 maio 2022.

governo Bolsonaro, demonstra como o STF conseguiu manter uma autonomia de pauta e de conteúdo da deliberação em relação às expectativas do Executivo.

No entanto, mesmo que não haja mudanças formais na garantia dos direitos, o maior estrago na esfera pública parece já estar feito. De um período em que se buscava formas de assegurar mais cidadania e maior reconhecimento, retrocedemos para uma discussão infantilizada nas eleições baseada em mentiras como "mamadeiras de piroca" e "*kit gay*". A contaminação do debate público sobre gênero e sexualidade por um obscurantismo já produziu consequências ao imaginário brasileiro que dificilmente serão revertidas no curto prazo.

Assim, pode-se esperar, nos próximos anos, que se acentue a dimensão moral dos conflitos políticos, com investidas constantes da base governista no sentido de revogar direitos e ampliar restrições a formas de vida e uniões que desafiem os padrões. O bolsonarismo dependerá dessa polarização para sua sobrevivência. Mesmo que essas não sejam investidas exitosas no sentido de se converterem em leis, seu efeito social será bastante concreto. E ainda que Bolsonaro não seja reeleito, o bolsonarismo permanecerá enquanto força política com apelo para setor significativo da sociedade brasileira.

Todas essas conquistas jurídicas da cidadania sexual, mesmo que precárias na forma, são substancialmente o reflexo de mudanças culturais profundas na sociedade brasileira. As lutas do movimento feminista a partir de 1975 e do movimento LGBTI+ desde 1978, ambos surgidos no período da liberalização da ditadura, produziram mudanças significativas nos padrões de família e na gramática moral vigentes.

Os sentidos atribuídos aos corpos, os papéis sociais de gênero, os desejos afetivo-sexuais, as estruturas familiares e as relações de parentesco foram disputados e ressignificados com a progressiva politização do privado operada pela contestação cultural e dos costumes. Os códigos morais foram se alterando significativamente. O padrão hegemônico de virilidade e de masculinidade deu lugar a uma pluralidade de formas de vivências e identidades, nos campos do gênero e da sexualidade, que se constituíram como esferas da liberdade e da autonomia humanas, não mais apenas da reprodução da espécie como destino biológico.

É evidente que transformações de tal maneira estruturais gerariam uma reação com um nível semelhante de intensidade e força, que tem sido caracterizado, aqui e em outros lugares do mundo, como *backlash*. Daí ser mais adequado falar em reação do que em ofensiva conservadora. Talvez a maior ingenuidade e fraqueza dos movimentos ligados a essas causas tenha sido, justamente, não se preparar para administrar a reação que estavam a produzir com suas demandas.

De qualquer maneira, não há clareza sobre o destino dos direitos LGBTI+ no Brasil. Qualquer fatalismo e simplificação será insuficiente para dar conta do momento em que vivemos. A principal certeza é a de que, nos próximos anos, mesmo havendo a derrota de Bolsonaro para a presidência em 2022, disputas morais acirradas entre atores com significativo peso institucional e relevância política seguirão.

PARTE 3

5

Desafios para o movimento LGBTI+ na atualidade

A história e a memória do ativismo LGBTI+ têm uma importância fundamental não somente por fazer conhecer o passado e restituir a hereditariedade entre gerações que, em cada época, vão contribuindo para a formação de uma comunidade sempre em devir. Olhar para trás é também essencial para pensar as formas de agir no presente e projetar os futuros possíveis. Não há manual inscrito na história, não se trata de repetir acertos e evitar erros já cometidos, mas de enfrentar os desafios que estão postos à luz da informação e da consciência da nossa própria trajetória coletiva.

Nesse sentido, a partir do que já foi exposto até aqui, ouso lançar alguns temas, advertências e horizontes para as discussões em torno do rumo do movimento LGBTI+ na atualidade. Sem pretensão de elaborar um programa coerente e completo ou mesmo de prescrever o que deve ser feito, a ideia é compartilhar alguns ensinamentos que nossa própria história pode nos propiciar.

Embate sem tréguas contra o autoritarismo

A emergência de governos autoritários com evidentes inclinações fascistas é algo posto no atual horizonte em diversos países no mundo. A versão brasileira desse processo, conforme visto anteriormente, é a do bolsonarismo, que encontra no conservadorismo moral uma de suas principais bandeiras de mobilização de apoio na sociedade.

Devido ao longo ciclo de institucionalização que, em determinados momentos, rendeu frutos relevantes na forma de reconhecimento e de políticas públicas, alguns setores do movimento LGBTI+ ainda acreditam que é preciso dialogar, para além das ideologias políticas, com todo e qualquer governo. É preciso destacar, contudo, que não há margem de diálogo construtivo e estratégico com o autoritarismo LGBTIfóbico de plantão. Sem democracia, respeito a direitos humanos e participação social ampla não há qualquer perspectiva para fazer avançar a cidadania da população LGBTI+.

Uma coisa é manter canais de negociação com governos de um amplo espectro político, inclusive de centro-direita, uma tática que pode ser defensável para promover avanços pontuais e mais imediatos nos marcos de uma democracia liberal em determinadas conjunturas específicas. Outra, bastante diferente, é sustentar de antemão que o diálogo deve ser feito sempre, em quaisquer condições, com todos os governos. O movimento LGBTI+, como os demais movimentos sociais, atua desde fora do Estado, mas em relação permanente com instituições oficiais. Muitas vezes, inclusive, ativistas forjados no seio do movimento assumem cargos no governo, estreitando essa proximidade e tensionando internamente as estruturas. Nesse sentido, *advocacy*, *lobby*, parcerias e ocupação de cargos são formas legítimas de ação quando se entende haver viabilidade e oportunidade de ganhos políticos.

Contudo, em outros momentos como o de governos autoritários abertamente LGBTIfóbicos, é desmoralizador que lideranças do movimento sinalizem qualquer tipo de aproximação ou abertura ao diálogo. Primeiro, porque essas ações desrespeitam o acúmulo histórico de valores e a agenda de compromisso com a democracia e os direitos humanos que está na própria razão de ser do movimento. Segundo, porque é inócuo, não rende ganhos, servindo apenas para dar tons de legitimidade para um governo violento contra a própria população LGBTI+. Em outras palavras, mais promove confusão e divisão do que contribui para a mobilização.

Em momentos como o que vivemos, a oposição aberta e direta, com ações políticas de embate, deslocamento e diferenciação com o objetivo de desgaste do governo e construção de uma alternativa de poder são o caminho mais promissor e urgente.

Flerte com o (neo)liberalismo e o *pink money*

A sedução de amplos setores da comunidade e do movimento LGBTI+ com uma visão do mundo liberal é bastante grande. A tentação de aderir a uma ideologia que é hegemônica e possui uma significativa congruência histórica com o capitalismo segue presente. No entanto, não se deve perder de vista que o liberalismo à brasileira legitimou, historicamente, violências como a escravidão. Os discursos de igualdade formal alimentaram desigualdades materiais em nome da meritocracia, e a suposta proteção de direitos individuais descambou para um individualismo predatório em uma lógica de darwinismo social perversa. Liberalismo, no Brasil, muitas vezes se tornou sinônimo de autoritarismo.

É evidente que as lutas populares sempre tensionaram e disputaram os limites traçados pelas práticas e instituições liberais em nosso país, buscando construir a democracia prometida, mas nunca entregue. Em determinados momentos, a instrumentalização tática desse discurso hegemônico rendeu avanços importantes, sobretudo quando o horizonte era o de reivindicar políticas públicas e direitos dentro da ordem social. Uma contradição, contudo, está no cerne da relação entre movimento LGBTI+ e liberalismo em nosso país.

Lembremos que a visibilidade se amplia justamente em um contexto de recrudescimento do projeto neoliberal no Brasil nos anos 1990, induzindo uma integração de subalternos não pela cidadania enquanto projeto coletivo, mas pelo consumo individual. O fato de homossexuais não poderem se casar e, sobretudo, ter filhos despertou logo a atenção de empresas interessadas em explorar o grande potencial de consumo desse público. O mercado, assim, seria uma solução para remediar ou corrigir o déficit de reconhecimento dessa população.

Isso levou a uma combinação singular entre visibilidade e mercantilização ou, ainda, ajudou a forjar uma versão brasileira do neoliberalismo progressista, que, segundo Fraser, consiste na conjugação de uma versão progressiva de política de reconhecimento e de uma versão regressiva de política econômica (FRASER, 2018). Nesse marco, a aceitação não decorreria de um alargamento do "direito a ter direitos", mas da exploração do potencial de consumo desse segmento. Direitos civis podem ser garantidos desde que os fundamentos da ordem econômica capitalista não sejam tocados e, mais do que isso, fortalecidos por um público com maior potencial de consumo.

A era GLS, sigla que buscou agregar pessoas "simpatizantes" justamente para enxergar todo mundo como consumidor sem distinções, estimulou mercados segmentados diversos como turismo gay, cruzeiros gays etc. A ideia de simpatizante expressava uma certa indistinção entre os membros da comunidade e a sociedade em geral, um tipo de assimilação para diluir as fronteiras. Era a força do *pink money*, um dinheiro cor-de-rosa, assegurando um reconhecimento restrito apenas para a parcela mais rica da comunidade LGBTI+ e escancarando cada vez mais as contradições entre capitalismo e diversidade.

Obviamente, essa perspectiva reforça uma visão excludente da maioria da população em um país extremamente desigual e segregado como o Brasil. Ainda que sob o capitalismo não haja possibilidade de ser excluído do âmbito do mercado, pois nada é inteiramente externo à dinâmica de produção e circulação das mercadorias, as pessoas destituídas dos recursos econômicos nunca terão as mesmas condições de acesso aos bens e serviços. Essa distinção aprofunda uma clivagem de classe dentro da comunidade, estigmatizando LGBTI+ mais pobres enquanto as mais abastadas gozam dos privilégios de sua posição na hierarquia social.

Não basta, assim, ao movimento organizado a busca de uma sociedade de LGBTI+ felizes em um capitalismo de arco-íris. Tampouco nos basta crer e cultivar a ilusão de uma sociedade de igualdade entre indivíduos com igualdade de oportunidades com uma regulação mercantil das vidas e desejos. É preciso refletir, discutir e agir sobre uma série de outras injustiças e desigualdades que produzem exclusão e vulnerabilização dentro e fora da nossa comunidade. Não bastam festas fervidas, andar com mãos dadas nas ruas, usar a roupa que se deseja, ter beijo gay na novela e pessoas

LGBTI+ em propagandas enquanto estivermos atravessados por tantas desigualdades.

Além disso, não se pode esquecer que LGBTI+ precisam de renda, moradia, trabalho, previdência, assistência, educação, saúde, cultura etc. Direitos civis não são suficientes por si só: homossexuais não desejam somente se casar, e pessoas trans não querem apenas o reconhecimento da sua identidade de gênero para usar um banheiro adequado ou ter um documento real. Sem dúvidas, essas demandas por direitos civis ocuparam um lugar de destaque na construção do ativismo por constituírem a agenda que distingue o LGBTI+ de outros movimentos, partidos e sindicatos. Contudo, é essencial que a busca pela liberação sexual amplie o espectro de sua atuação para outras frentes, em uma perspectiva interseccional, criando uma política ampla de alianças com setores que empunham bandeiras imprescindíveis na construção de uma sociedade justa, como as lutas contra o capitalismo, contra o racismo, contra a misoginia, contra a catástrofe ambiental, contra a privatização de serviços públicos e a retirada de direitos sociais etc.

Homonacionalismo e homonormatividade no capitalismo periférico

A inclusão de pessoas LGBTI+ nos marcos de uma cidadania forjada nos Estados-Nação, sob o regime de livre mercado, é, como apontamos acima, repleta de contradições. Um conceito que vem sendo utilizado para analisar os limites da assimilação liberal dos corpos de sexo e gênero dissidentes é o de homonormatividade. Baseado na ideia de heteronormatividade,[136] compreendida como um modo de vida e de gestão dos desejos a partir de um padrão monogâmico e familista que naturaliza a heterossexualidade, a homonormatividade consistiria em uma reprodução dessa cultura hegemônica decorrente da crescente assimilação das existências LGBTI+ na cidadanização – sempre precária[137] – trazida pelos direitos prometidos pelo Estado e

---

[136] Ver uma das elaborações pioneiras desse termo em: WARNER, 1991.

[137] Sobre a noção de "cidadania precária" e sua aplicação à discussão do nome social para pessoas trans em nosso país, ver: BENTO, 2014.

pelo consumo circulado via mercado. Conforme a formulação pioneira de Lisa Duggan (2002), homonormativa é uma política que não contesta premissas e instituições dominantes de heteronormatividade, mas as abraça e sustenta, prometendo a possibilidade de uma cultura gay desmobilizada ancorada na domesticidade e no consumo. Em outras palavras, trata-se de uma autêntica política sexual do neoliberalismo, com congruência histórica com essa fase do capitalismo e da extrema mercantilização dos corpos e das vidas.

Um conceito distinto, mas complementar e inspirado na homonormatividade, só que a partir de uma perspectiva geopolítica marcada por um viés crítico ao colonialismo, ao orientalismo e às configurações desiguais de poder na ordem internacional, é o de homonacionalismo. Ele se refere "à ascensão em simultâneo do reconhecimento legal, de consumidor e representativo dos sujeitos LGBTQ e à restrição das prestações sociais, dos direitos dos imigrantes e da expansão do poder do Estado nas tarefas de supervisão, detenção e deportação" (Puar, 2015, p. 299). Trata-se, assim, de compreender como as políticas de reconhecimento legal sob regimes liberais não apenas convivem com, mas se alimentam de exclusões e marginalizações de outros corpos racializados. Dessa forma, para a autora, homonacionalismo não se resume a uma forma de racismo gay ou uma "conservadorização" de sujeitos LGBTI+, constituindo-se sobretudo uma "forma analítica de apreender os resultados de sucesso dos movimentos dos direitos liberais LGBT" (Puar, 2015, p. 299).

Ainda que não tenha começado com a "guerra ao terror" desencadeada a pretexto do ataque às Torres Gêmeas de 11 de setembro de 2001, esse episódio catalisou e projetou a islamofobia que materializa a convergência do racismo com a instrumentalização liberal progressiva das identidades, reforçando um outro sexual como branco e um outro racial como heterossexual.[138] Outro exemplo do homonacionalismo

---

[138] Puar (2015, p. 300) cita alguns posicionamentos liberais e orientalistas baseados no senso comum que se encontram muito difundidos: "[...] é claro que somos contra a guerra contra o terrorismo, mas e a homofobia dos muçulmanos? É claro que somos contra a ocupação do Médio Oriente pelos Estados Unidos,

é a "lavagem cor-de-rosa" (*pink washing*), que, a despeito de não ser uma prática exclusiva do Estado de Israel, encontra na imagem desse país um grau de expressividade ímpar. Com efeito, devido ao fato de se apresentar enquanto um destino gay internacional que assegura os direitos reivindicados pela comunidade LGBTI+ em meio a uma região de nações que criminalizam as homossexualidades, Israel ostenta o caráter moderno e aberto de sua democracia, ao mesmo tempo em que legitima a ocupação dos territórios palestinos.[139]

Ambos os conceitos – homonormatividade e homonacionalismo – são potentes para ajudar a pensar, de maneira crítica, os modos de integração, cooptação e assimilação que a enunciação formal dos direitos civis pelo Estado e as promessas de consumo pelo mercado implicam para as comunidades LGBTI+. Uma igualdade formal e incremental parece não apenas conviver, mas também se alimentar das marginalizações de classe, raça, território, idade e outros marcadores sociais de diferença.

Contudo, esses conceitos foram cunhados e aplicados a realidades do Norte global, região na qual, de maneira geral, há um maior acúmulo de direitos civis e uma tradição mais longeva de organização do movimento LGBTI+. Vale problematizar como e em que medida podem ser traduzidos culturalmente para o caso brasileiro,[140] no qual

---

mas os iranianos continuam a enforcar homens homossexuais inocentes; é claro que apoiamos a revolução no Egito e a Primavera Árabe, mas os abusos sexuais das mulheres mostram que os egípcios são umas bestas. Estes tipos de reprodução binária entre os secularistas liberais iluminados e esses Outros, esses fanáticos religiosos racializados, são não só intelectualmente redutores e politicamente ingênuos, como também simplesmente inaceitáveis".

[139] Puar (2015, p. 306) afirma que "em alguns sentidos, Israel é pioneiro do homonacionalismo, uma vez que a sua posição particular no cruzamento do colonialismo, da ocupação e do acomodacionismo neoliberal proporciona as condições perfeitas para a normalização da homossexualidade. A história homonacionalista de Israel [...], a ascensão dos direitos LGBT em Israel e o aumento da mobilidade para gays e lésbicas desenvolve-se em paralelo com o aumento simultâneo da segregação e a diminuição da mobilidade das populações Palestinianas, sobretudo pós-Oslo".

[140] Ver IRINEU, 2014; GABRIEL *et al.*, 2021.

ainda há um déficit flagrante de reconhecimento, relações econômicas de profunda desigualdade, violência alarmante e um movimento que se organizou apenas mais recentemente.

Fortalecimento de diálogos e alianças com as esquerdas[141]

Há, ainda hoje, uma série de ruídos e desacordos que têm impedido uma maior aproximação entre um programa das esquerdas – socialista, comunista, social-democrata, democrático-popular – e as lutas de liberação sexual. Deve-se reconhecer que os debates sobre diversidade sexual guardam uma relação algo contraditória com essas esquerdas e, em especial, com a tradição marxista que, na sua complexa heterogeneidade, hegemonizou a formulação teórica e prática dos que se mobilizaram por mudanças sociais no último século.

De um lado, parte expressiva do marxismo deu pouca atenção à sexualidade, desqualificando-a como dimensão menor da vida social ou como uma agenda secundária. Por outro, não foram poucas as agremiações socialistas e comunistas que deram contribuições fundamentais para as lutas dos homossexuais nos últimos 150 anos.

Marx não abordou diretamente o tema. Engels (2018), por sua vez, apenas o tangenciou ao tratar da relação desigual entre os sexos no âmbito da família patriarcal. A despeito de não estar no horizonte dos autores, é possível garimpar referências esparsas a práticas homossexuais de oponentes nas cartas trocadas entre ambos na década de 1860. Em algumas dessas correspondências, há comentários homofóbicos quando os fundadores do marxismo discutem suas diferenças políticas em relação a Johann Baptista von Schweitzer, líder sindical da social-democracia alemã ligado a Ferdinand Lassalle. No mesmo sentido, Engels vai se valer de um tom irônico para desqualificar como obscenidade e antinatural uma obra que Marx lhe havia enviado de

---

[141] Uma versão desta seção foi publicada na forma de um artigo mais amplo de minha autoria intitulado "Marxismo e sexualidade no Brasil: recompondo um histórico", no dossiê *Marxismo e Lutas LGBT* coordenado por Lucas Bulgarelli (QUINALHA, 2019b).

autoria de Karl Heinrich Ulrichs, jurista e precursor do movimento homossexual como visto no segundo capítulo deste livro, especialmente nas campanhas por um tratamento científico à sexualidade e pela descriminalização da sodomia no parágrafo 175 do Código Penal alemão (KENNEDY, 1995).

No entanto, apesar de evidenciar que os pais do marxismo reproduziam uma visão comum de época, seria metodologicamente inadequado inferir, a partir somente de passagens pontuais e dispersas, posições políticas ou teorizações mais consistentes – positivas ou negativas – de Marx ou Engels sobre a questão. Mais equivocado ainda seria condenar o marxismo, enquanto uma linhagem de pensamento e de ação, como indelevelmente contaminado por uma perspectiva homofóbica de seus fundadores, como se fosse um vício de origem incontornável. Ao contrário disso, um olhar mais atento revela como essa tradição foi atravessada e ressignificada pelas reivindicações de homossexuais em diferentes contextos e países.

Na virada do século XIX para o XX, conforme analisado anteriormente, a social-democracia alemã foi essencial na campanha pela revogação da já mencionada lei antissodomia. Pouco tempo depois, com a Revolução Russa de outubro de 1917, os bolcheviques editaram o Código Penal Soviético, em 1922, descriminalizando o sexo consentido entre homens adultos. Já após a Segunda Guerra Mundial, foram fundados grupos homófilos em diferentes lugares do mundo, como o COC, criado em 1946 na Holanda, com forte ligação com a esquerda (HEKMA; OOSTERHUIS; STEAKLEY, 1995b). Na década de 1950, nos Estados Unidos é criado, graças à atuação do militante do Partido Comunista Harry Hay, o Mattachine Society.[142] Isto sem falar na geração pós-Stonewall e em seus vínculos indissociáveis da New Left, como abordamos no Capítulo 3 do livro.[143]

---

[142] Ver: https://bit.ly/3MIZRwO. Acesso em: 2 maio 2022.

[143] Para a leitura de um trabalho rico de pesquisa que mostra as afinidades existentes entre homossexualidade e cultura norte-americana de esquerda entre 1920 e 1960, veja: LECKLIDER, 2021.

O freudomarxismo, de Wilhelm Reich a Herbert Marcuse, passando por Erich Fromm e outros, foi uma vertente teórica que produziu análises libertárias sobre a emancipação sexual a ponto de influenciar profundamente mobilizações como as de 1968. Na América Latina, também já mencionada aqui, a primeira organização política homossexual de que se tem registro é o Nuestro Mundo, formado em 1967 na Argentina por trabalhadores e sindicalistas liderados pelo quadro do Partido Comunista Héctor Anabitarte (INSAUSTI, 2019). No entanto, as convergências e afinidades eletivas entre marxismos e homossexualidades acima destacadas são apenas parte da história, pois houve também duros embates e afastamentos. Não faltaram momentos de reprodução da homofobia por parte das esquerdas.

Depois da Revolução Russa avançar os debates sobre gênero e sexualidade, houve um retrocesso com Stálin. Em 1934, a homossexualidade volta a ser criminalizada. A influência do estalinismo espraiou seu moralismo por meio de partidos vinculados à Terceira Internacional em boa parte do Ocidente. O mesmo ocorria em relação às variações dos regimes chinês e cubano, que ganhavam cada vez mais espaço em diversos lugares do mundo, com destaque na América Latina.

Segundo esse ideário, a tarefa da revolução social, assim, não passava pela revolução sexual. Forjar uma sociedade socialista, com o novo homem, demandava o combate à moral burguesa com seus hedonismo e individualismo característicos. Para isso, era preciso cultivar subjetividades capazes de controlar as paixões, devotas ao projeto político, aderentes a uma rigidez normativa e com os objetivos pessoais subsumidos aos propósitos da revolução. Reforçava-se, portanto, um "*ethos* de masculinidade revolucionária" (GREEN, 2012, p. 86), a sexualidade heteronormativa e as uniões monogâmicas.

O Partido Comunista Brasileiro (PCB), que hegemonizou por décadas o campo das esquerdas, não fugiu à regra e contribuiu para alimentar essa visão homofóbica. Já no contexto da ditadura civil-militar de 1964, os grupos que apostaram na resistência armada reproduziam, em algum grau, os mesmos valores morais conservadores. Herbert Daniel, guerrilheiro e homossexual, refletiu criticamente sobre o assunto: "[...] o sexo não era uma preocupação política, achávamos. Militantes, tínhamos outros problemas a abordar". Com mais ironia, escreveu sobre a idealização da classe operária pela esquerda: "[...] onde vocês já ouviram falar de um operário bicha? Naquelas fantasias que inventamos, a Classe Operária não sofria 'desvios' sexuais. Porque não tinha sexualidade nenhuma. Era uma classe higiênica. Historicamente saudável". E arrematava: "[...] desde que comecei a militar, senti que tinha uma opção a fazer: ou eu levaria uma vida sexual regular – e transtornada, secreta e absurda, isto é, puramente 'pequeno-burguesa', para não dizer 'reacionária', ou então faria a revolução. Eu queria fazer a revolução. Conclusão: deveria 'esquecer a minha sexualidade'" (DANIEL, 1982, p. 96-97).

Essas ideias foram reproduzidas por agrupamentos diversos: stalinistas, maoístas ou castristas. Tais organizações estavam todas na ilegalidade: seus membros viviam na clandestinidade e eram perseguidos, presos arbitrariamente, torturados, além de centenas terem sido assassinados e desaparecidos. Nesse contexto, é compreensível que a sobrevivência tivesse ascendência sobre temas de diversidade sexual. De qualquer modo, feita essa ressalva de contexto, fato é que mesmo durante o período da abertura, quando a repressão estatal arrefeceu, os primeiros passos do movimento homossexual se deram com fundada desconfiança nas esquerdas marxistas.

Mas vale pontuar o modo como setores do movimento trotskista colaboraram para novas leituras sobre a sexualidade dentro do marxismo. Cada vez mais distanciados do regime soviético por conta da "degeneração burocrática" operada pelo estalinismo e também críticos às apostas guerrilheiras e foquistas[144] que ganhavam força na década de 1960, os trotskistas se engajaram em uma tentativa de renovação do marxismo que abriu margem para encampar as lutas homossexuais.

---

[144] "Foquismo" designa uma teoria política e militar revolucionária, muito influente nos anos 50 e 60 do século XX, inspirada pelo pensamento e atuação de Che Guevara e Régis Debray. Seu objetivo principal era a criação de diversos focos de resistência, sobretudo nas zonas rurais, para minar e combater o imperialismo e as ditaduras.

Alguns segmentos da IV Internacional, como o grupo liderado por Nahuel Moreno, começaram a incorporar em suas agendas, ainda que timidamente, as reivindicações por liberdade sexual. Certamente a emergência de um movimento homossexual mais robusto na virada dos anos 1960 para os 1970 foi fundamental para que trotskistas notassem a importância e a conveniência de abraçarem essas bandeiras.

No Brasil, destacava-se a corrente Convergência Socialista. Fundada em 1978, a CS foi a primeira organização da esquerda socialista brasileira (e talvez latino-americana) a assumir a defesa pública dos homossexuais com um espaço de auto-organização. Foi neste mesmo ano, como visto na quarta seção deste livro, que surgiu o pioneiro Somos – Grupo de Afirmação da Identidade Homossexual. O fato de terem sido fundadas no mesmo ano não foi mera coincidência. No contexto de liberalização do regime autoritário, o destino de ambas as organizações se cruzaria de modo indelével e definitivo para traçar a história da relação entre marxismo e sexualidade no país.

Diversos foram esses encontros e desencontros.[145] Aqui destaco alguns episódios nem tão distantes que nos ajudam a pensar diante dos desafios postos atualmente para articular uma plataforma de esquerda com as lutas por liberdade sexual. Na Semana do Movimento de Convergência Socialista, organizada pela revista *Versus* em abril de 1978, tensões já emergiram. Alguns homossexuais reivindicaram a presença de um representante do recém-lançado *Lampião da Esquina* na mesa. Trevisan publicou uma crítica ao modo como foi pautada a discussão das "minorias" nesse encontro aberto.[146] Mas vale ressaltar que uma moção de homossexuais conclamando o apoio da nova organização foi ali apresentada, demonstrando que havia alguma abertura naquele espaço.

Algo semelhante se repetiu no debate na Semana das Minorias da Universidade de São Paulo (USP), ocorrido em fevereiro de

---

[145] Para uma análise aprofundada dessas afinidades e tensões, ver: QUINALHA, 2021a, Capítulo 2.

[146] Ver o artigo "Estão querendo convergir. Para onde?" em: *Lampião da Esquina*, 1978, p. 9.

1979 e organizado pelo coletivo Vento Novo para debater os "novos movimentos sociais" e "minorias". O encontro dedicado ao tema das homossexualidades durou mais de três horas e contou com uns trezentos participantes.

Trevisan reconheceu que "setores da esquerda tradicional podem ter sofrido um avanço considerável na compreensão da realidade brasileira", ponderando que "os grupos discriminados avançaram politicamente: apossaram-se do seu espaço e provocaram uma re-discussão do fechado conceito de revolução.[147] Segundo Green, "naquela noite, a discussão ficou polarizada numa caricatura do que seria o debate que, posteriormente, racharia o movimento" (GREEN, 2014a, p. 68). Essa dificuldade de diálogo, em suas palavras, impedia a comunicação parte a parte, pois "nem os ativistas gays e lésbicas, nem os defensores das esquerdas no debate tinham uma linguagem ou uma perspectiva mais universal para conversar sobre o tema" (GREEN, 2014b, p. 191).

Um terceiro momento a se destacar é o I Encontro Brasileiro de Grupos Homossexuais Organizados em abril de 1980. A presença de forças partidárias reforçou o encontro, mas também despertou apreensão em alguns diante da possibilidade de o incipiente movi-mento homossexual ser instrumentalizado por outros atores políticos. O encontro, contudo, funcionou como o estopim que colocou às claras as diferenças que já cindiam o grupo Somos. Diversas questões, de ordem política e pessoal, compuseram o quadro dessa rivalidade dentro do grupo, que, por ser o mais antigo e estruturado, sintomati-zou as diferenças que atravessavam, em algum grau, todos os demais grupos. O pivô central da crise foi uma suposta e crescente influência da Facção Homossexual da Convergência Socialista como visto no Capítulo 4 deste livro.

Organizada em 1979, a Facção chegou a contar, em 1981, com mais de duas dezenas de ativistas para discutir a opressão dos ho-mossexuais sob uma perspectiva marxista. Como o primeiro coletivo

---

[147] Ver o artigo "Quem tem medo das 'minorias'?", em: *Lampião da Esquina*, 1979, p. 10.

homossexual de um partido da esquerda, chegou a promover debates internos, grupos de estudos e publicações (OKITA, 1981).

A atuação disciplinada de alguns poucos militantes trotskistas, formados sob uma lógica bolchevique, acabou dando ao grupo um destaque maior do que ele efetivamente tinha dentro do Somos. Era bastante clara a dificuldade de convencer pessoas a se integrarem, de forma orgânica, a um padrão de militância que exigia duros sacrifícios pessoais e profissionais em uma organização revolucionária, sobretudo porque não se sabia qual seria o alcance da liberalização política em curso. Mesmo com tamanha limitação, sua mera existência era instrumentalizada para alimentar uma hostilidade à esquerda no movimento homossexual.

Green relata ter debatido longamente com Trevisan, ambos liderando alas opostas do grupo, a respeito do relacionamento entre a CS e o movimento homossexual. Ao fazer um balanço de sua atuação naquele período, Green lançou um questionamento à posição de Trevisan. Afinal, por que "gastar tempo criticando a única organização de esquerda que tinha uma posição positiva em relação à homossexualidade, em vez de focar suas críticas nos grupos que não tinham posição ou que eram homofóbicos?" (GREEN, 2014a, p. 66).

Mas o grupo já estava irremediavelmente fraturado entre a posição mais autonomista e a concepção de que o movimento deveria aliar-se a outros atores sociais sensíveis às demandas dos homossexuais. Em 17 de maio de 1980, em uma reunião geral do grupo, consumou-se um racha que marcou a história do movimento LGBTI+ brasileiro.

Nestas breves linhas, seria impossível desenvolver uma análise exaustiva dessa relação tão complexa entre marxismos e sexualidade. O intuito, antes, é apenas demonstrar como os marxismos, enquanto patrimônios políticos e intelectuais de setores explorados e oprimidos da sociedade, podem e devem ser muito mais coloridos e diversos do que normalmente se imagina. E que se tratam de uma tradição potente para pensar e fazer políticas de liberação sexual, como esses episódios históricos demonstram, a despeito de todas as contradições que há nesse processo. De outro lado, é preciso registrar que não sobram ilusões no modo hipócrita e oportunista como as direitas, apegadas mais a moralismos do que a uma visão aberta dos temas de sexualidade, lidam com as pautas de diversidade. Assim, só com o fortalecimento de diálogos entre movimento LGBTI+ e setores das esquerdas é que será possível construirmos respostas e caminhos para as ciladas postas pelo capitalismo contemporâneo para a efetiva igualdade da população LGBTI+.

Usar a arma das identidades sem cair no "identitarismo"

Tem se acentuado, nos últimos anos, um debate um tanto datado que já parecia estar superado. Desde o surgimento dos chamados novos movimentos sociais, na década de 1960, tornou-se central o desafio de como conciliar em um mesmo projeto emancipatório as demandas por reconhecimento dos sujeitos políticos emergentes e as reivindicações redistributivas da classe trabalhadora, com seus tradicionais partidos e sindicatos.[148]

Conforme discutido acima, de um lado, os novos movimentos sociais eram acusados pelos setores mais tradicionais das esquerdas de serem divisionistas por fragmentarem a suposta unidade da classe trabalhadora e dispersarem o foco do conflito entre capital e trabalho. De outro, os movimentos feminista, negro e LGBTI+, que combatiam preconceitos estruturantes da sociedade, também tinham embates com o conservadorismo persistente mesmo entre aqueles mais à esquerda no espectro político-ideológico.

A LGBTIfobia difusa nas esquerdas colaborou para decantar, mesmo nos setores de oposição à ditadura dos quais se poderia esperar um compromisso com a democracia e os direitos das minorias, uma representação das homossexualidades como "desvio pequeno-burguês", manifestação da "decadência burguesa", comportamento sexual contrário à "moral revolucionária" ou ainda degeneração típica do "desbunde".

---

[148] Aqui uso a tradicional distinção entre demandas por reconhecimento e por redistribuição popularizada pela teorização de justiça de Fraser. Ver: FRASER, 2006.

Diversas foram as versões assumidas, nas últimas décadas, por esses tensionamentos em torno da elaboração de um programa capaz de conjugar o imperativo universalista de igualdade com o direito às diferenças, a depender de cada território e contexto cultural.[149] De qualquer forma, o que parecia ser uma oposição inconciliável entre "marxistas" e "identitários" logo foi assumindo formas importantes de alianças e solidariedades entre os setores subalternos, como analisamos na geração do ativismo pós-Stonewall. Com efeito, se a história das relações entre as esquerdas e os movimentos centrados em determinadas políticas do corpo e da subjetividade não foram apenas de convergências e momentos felizes, fato é que foi nesse campo do espectro ideológico que foram forjadas as mais potentes e interessantes redes de apoio.

No livro *Armadilha da identidade* (HAIDER, 2019), a leitura que é feita do movimento negro encontra paralelos interessantes com o movimento gay. O impulso radical das mobilizações feministas, negras e homossexuais no caso dos Estados Unidos teve papel histórico análogo aos movimentos trabalhistas e sindicais na Europa, ou seja, elas eram profundamente vinculadas a uma lógica antissistêmica e de compromisso de classe contra o modo de vida burguês.

A despeito disso, não são raras, ainda hoje, as lideranças políticas e intelectuais vinculadas às esquerdas que ainda insistem na oposição entre uma luta maior (a de classe) e as lutas menores, acessórias ou secundárias (raça, gênero e sexualidade), reservando para estas últimas uma posição de menor relevância. Ou mais: acusando injustamente as lutas "identitárias" pela falência do pacto social fordista que tem sido implodido por outros fatores ligados ao mundo do trabalho e à dinâmica do neoliberalismo na atualidade.

Há equívocos diversos nesse tipo de posicionamento, que acredita que uma rejeição das identidades levaria a um fortalecimento da luta de classes. Somos constituídos a partir de diversos processos de identificação que têm, como produto, o que chamamos de identidades.

---

[149] Cheguei a explorar alguns aspectos da relação entre marxismo e (homo)sexualidade. Ver: QUINALHA, 2019b.

Mas elas não são dados da natureza, essências ou pontos de chegada; antes, tratam-se de pontos de partida para a mobilização de interesses comuns, de um tipo de construção da nossa subjetividade em relação às estruturas de poder e de desigualdade que organizam nossa sociedade. As identidades nos permitem, inclusive, dar dimensão coletiva às nossas individualidades e dotar de sentido as nossas experiências concretas de violência e sofrimento.

Assim, politizar as identidades é fundamental para a elaboração de um programa de transformação que catalise energias utópicas e mobilize um engajamento real das pessoas. Ainda mais em um país como o Brasil, no qual são notáveis desigualdades e opressões persistentes a partir dos eixos de raça, gênero e sexualidade. Vale dizer que a própria consciência de pertencimento a uma determinada classe social também é uma forma de identificação, o que coloca por terra esse binarismo entre política de classe e política identitária.

As identidades precisam ser compreendidas enquanto lentes de análise e instrumentos de ação para ir além de um universalismo abstrato que, nos últimos séculos, foi o princípio hegemônico a organizar um projeto de emancipação a partir da perspectiva particular do homem branco, heterossexual, cisgênero e europeu. Tal universalismo sempre teve essa inescapável dimensão de particularidade, apesar de ter se apresentado como um horizonte que paira sobre as hierarquias e diferenças. A construção de um universal concreto e mediado passa por esse reconhecimento dos marcadores sociais da diferença, interseccionalizando as agendas e permitindo a construção de alianças indispensáveis para as transformações estruturais da sociedade.

É preciso deixar de lado esse olhar colonizador que classifica os grupos subalternizados como um Outro do universal. As identidades não fundam agrupamentos homogêneos, há uma série de divisões internas que não podem ser menosprezadas. Há LGBTI+ de direita, de esquerda, da classe trabalhadora, com outras tantas subdivisões nessas categorias, afinal, orientação sexual e identidade de gênero não definem automaticamente um posicionamento no espectro ideológico. Saber trabalhar com essas diferenças, aliás, é fundamental para uma política radical e interseccional de mudança. Usar o termo "identitarismo" é, portanto, equivocado de partida, pois parece menosprezar a importância dos debates e acaba inviabilizando qualquer diálogo consistente.

Isso não significa que estamos diante de uma tarefa fácil. Tampouco quer dizer que os movimentos chamados de identitários estejam imunes à crítica. Aliás, como explorado neste livro, houve um relevante processo de domesticação do movimento LGBTI+, seja nos Estados Unidos, seja no Brasil. À medida que certas elites homossexuais foram conseguindo mais espaços de representação e verbalização das demandas da comunidade, sobretudo nas vias institucionais, projetava-se uma visão menos de confronto com a ordem e mais de colaboração na construção dos direitos civis. Essa "civilização" do movimento homossexual interessou ao Estado, que passou a estabelecer novos termos para o diálogo com as elites e de processamento – ainda que limitado e extremamente demorado – de suas demandas.

Além disso, apesar da ruptura que o modo de vida gay parecia carregar – e carrega, em certo grau –, não demorou para que, nas disputas identitárias, houvesse um processo de reforço da masculinidade hegemônica, reduzindo o ser gay a uma experiência homoerótica, sem considerar quaisquer outras características não sexuais. Esse tipo de ativismo gay conseguiu, em grande medida, converter a sexualidade em critério de definição de uma minoria política, um passo importante para reivindicar os direitos, como vimos, mas contribuindo, ao mesmo tempo, para eliminar qualquer rastro de "sensibilidade *queer*, estilo, emoção, ou qualquer forma não sexual específica de subjetividade, afeto ou prazer" de uma cultura gay que transborda a expressão sexual (HALPERIN, 2014).

Mas reconhecer, valorizar e mobilizar essas diferenças, com um cuidado crítico que sempre deve estar presente, não significa se render a um absoluto relativismo que teria por consequência direta a hiperfragmentação da ação política. É possível e desejável – e talvez seja este um dos grandes desafios do nosso tempo – organizar as pontes e mediações entre as diversas lutas empreendidas por sujeitos sociais diversos nas suas leituras de igualdade, justiça e liberdades.

Sem *ranking* de sofrimentos e sem fila de prioridades, sem cultivar um "identitarismo" que descola a identidade sexual e de gênero das suas determinações concretas na realidade, mas com sensibilidade e alteridade para tecer laços de solidariedade e alianças que viabilizem uma revolução de múltiplas camadas.

Interseccionalidade e novas fronteiras

A despeito de o movimento LGBTI+ ter surgido historicamente, conforme visto, a partir de diálogos e alianças muito intensas com outros setores oprimidos da sociedade, como as pessoas negras e as mulheres, o processo de centramento homossexual acabou fazendo com que se fortalecesse uma autonomização dos gays que se refletiu em um distanciamento de outras causas não apenas justas, mas necessárias.

A hegemonia do homem, branco, cisgênero e gay no interior do movimento permitiu avanços indiscutíveis. A enorme influência da bandeira da união civil ou do casamento entre pessoas do mesmo sexo, vitoriosa em diversas partes do mundo, talvez seja a maior comprovação disso. No entanto, como acontece com qualquer movimento político que agrega diversas identidades na construção de sua agenda, quando se prestigia uma reivindicação, outras acabam perdendo espaço ou são colocadas de lado. Não à toa, como vimos, as divisões e tensões nasceram no mesmo momento em que o próprio movimento dava seus primeiros passos.

O fato de operar as estruturas do machismo, do racismo e da cis-normatividade[150] da nossa sociedade também no âmbito do ativismo se refletiu em um posicionamento relativo de maior privilégio para homens gays, facilitando que suas demandas prioritárias prevalecessem no conjunto do movimento. Isso não significa dizer, de modo algum, que homens gays não sofram preconceito ou que sejam beneficiados em uma realidade violentamente heteronormativa. Antes, trata-se de pensar os privilégios enquanto efeito do posicionamento dos sujeitos

---

[150] Sobre esse conceito, ver: VERGUEIRO, 2016.

em estruturas que lhe antecedem e atravessam, assegurando maior ou menor acesso a bens e recursos valorizados socialmente. O debate sobre privilégio, portanto, é sempre relativo e relacional: o sujeito pode estar posicionado em situação de privilégio em relação a determinados grupos e, ao mesmo tempo, em desprivilégio em relação a outros.

Daí a relevância do conceito de interseccionalidade, muito vinculado à experiência política e teórica do feminismo negro. Seu surgimento no âmbito acadêmico é atribuído à categorização da professora de Direito Kimberlé Crenshaw no começo da década de 1990, para quem se trata de uma

> [...] conceituação do problema que busca capturar as consequências estruturais e dinâmicas da interação entre dois ou mais eixos da subordinação. Ela trata especificamente da forma pela qual o racismo, o patriarcalismo, a opressão de classe e outros sistemas discriminatórios criam desigualdades básicas que estruturam as posições relativas de mulheres, raças, etnias, classes e outras. Além disso, a interseccionalidade trata da forma como ações e políticas específicas geram opressões que fluem ao longo de tais eixos, constituindo aspectos dinâmicos ou ativos do desempoderamento (CRENSHAW, 2002, p. 177).

O conceito teve enorme impacto ao nomear algo que era sentido na violência e na discriminação, sobretudo por mulheres negras. A conceituação buscou descrever e explicar os mecanismos cruzados de opressão, mas antes de o termo existir a interseccionalidade já era vivenciada na prática e discutida, em entornos teóricos, como discriminação composta, cargas múltiplas, ou como dupla ou tripla discriminação.[151]

---

[151] Vale registrar, inclusive, o protagonismo de mulheres negras brasileiras nessas formulações: "Embora o termo 'interseccionalidade' tenha sido cunhado pela jurista estadunidense Kimberlé Crenshaw apenas em 1989, com foco em raça e gênero (HENNING, 2015; RIOS; PEREZ; RICOLDI, 2018), a ideia das opressões cruzadas e indissociáveis de gênero, raça e classe já fazia parte do repertório discursivo das mulheres negras brasileiras desde os anos 1970 e 1980, período em que muitas integrantes do que viria a se constituir como um

A despeito da inquestionável repercussão de sua teoria, que inspirou novas miradas e aprofundamentos, tal formulação foi alvo de críticas pela maneira esquemática como analisa a sobreposição de opressões. No texto já referido, Crenshaw busca se afastar das elaborações anteriores que enxergavam uma soma de opressões. No entanto, a "conceituação metafórica" da interseccionalidade parte do exemplo do tráfego de automóveis. Os eixos de opressão de "raça, etnia, gênero e classe constituem as avenidas" pelas quais circulam os processos de desempoderamento. Assim, uma mulher racializada e outros corpos marcados por opressões diversas estariam sujeitos a um processo de negociar o trânsito intenso das diversas vias, correndo o risco de se tornarem alvos de colisão nos cruzamentos.

Serão propostos outros conceitos para superar o que se entende como esquematismo e fixidez desse modo de compreensão das opressões como o trânsito de uma grande cidade. Exemplo disso é a formulação de consubstancialidade, originada no feminismo francês, para dar conta das articulações entre classe e gênero. Nessa linha, Kergoat (2010, p. 98) critica a noção "geométrica" de intersecção, alegando que "pensar em termos de cartografia nos leva a naturalizar as categorias analíticas [...]. Dito de outra forma, a multiplicidade de categorias mascara as relações sociais. [...] As posições não são fixas; por estarem inseridas em relações dinâmicas, estão em perpétua evolução e renegociação".[152]

Outra crítica que se tem feito dentro do próprio campo do feminismo negro tem se dedicado a ponderar os avanços e limites da formulação de Crenshaw, atentando especialmente para as ambiguidades da apropriação da interseccionalidade nos debates acadêmicos. Esse processo de assimilação marcante do conceito nas universidades, em tempos neoliberais, é acompanhado de um esvaziamento do

---

movimento autônomo começaram suas atividades, em uma dupla militância junto a coletivos de mulheres e de negros brasileiros, os quais reemergiram na década de 1970" (RODRIGUES; FREITAS, 2021, p. 4). Nesse sentido, dois trabalhos pioneiros são: GONZALEZ, 1984; CARNEIRO, 2003.

[152] Ver: HIRATA, 2014. Ver também: KERGOAT, 2010.

ethos de justiça social e do compromisso por políticas emancipatórias que foram essenciais para a formulação da interseccionalidade pelo feminismo negro.[153]

Essas reflexões demonstram a vitalidade e a atualidade da teorização sobre interseccionalidade no momento atual. É imperioso que o movimento LGBTI+ articule não apenas as reivindicações de sexualidade e identidade de gênero, mas também integre as dimensões de classe, raça, gênero, etnia, deficiências, entre outros marcadores sociais da diferença.

Além disso, é fundamental combater a tendência de estabilização e normalização das identidades já reconhecidas e integradas no movimento, pois isso pode consolidar um fechamento ao reconhecimento de outras experiências e vivências no campo do gênero e da sexualidade que ainda não têm nome e que estão por vir. Por essa razão, tem-se usado um símbolo de "+" ao final da sigla LGBTI+ para dar conta do caráter sempre provisório, indeterminado e infindável de identidades que vão se alterando conforme as subjetividades e contextos culturais.

Um exemplo disso é a inclusão recente de pessoas intersexo à comunidade e ao movimento, que tem provocado mudanças importantes na forma como vemos e pensamos o gênero e a sexualidade. Além disso, vale ressaltar como ainda é preciso caminhar bastante nas elaborações e no reconhecimento do campo da bissexualidade, muitas vezes desqualificada como um estado transitório ou de indefinição da sexualidade, e não como uma identidade própria no interior do movimento. Isso sem falar em orientações sexuais que vêm ganhando mais espaço recentemente, como a assexualidade e a pansexualidade.

---

[153] Collins apresenta as seguintes indagações: "Liberdade, equidade, justiça social e democracia participativa devem constituir as ideias centrais do feminismo, lutas por direitos civis, assim como o movimento pacifista e sindical, mas como essas ideias encontraram lugar em uma academia cada vez mais neoliberal? O que sobreviveu na migração do feminismo negro para a academia e seu recondicionamento como uma cada vez mais legítima interseccionalidade? De que forma os vínculos da interseccionalidade com a política emancipatória foram renegociados, em sua pesquisa crítica e sua práxis, em resposta às normas acadêmicas, tantas vezes antitéticas? O que se perdeu na tradução?" (COLLINS, 2017).

Neste sentido, devemos sempre cultivar uma abertura, uma escuta e uma sensibilidade generosas para ampliarmos as diversidades que nos singularizam e que podem também nos agrupar em uma comunidade política e de luta. Equilibrar essa tensão inevitável e potente entre diferenças e igualdades é um dos maiores desafios para incluirmos sem excluir.

Representatividade e armadilhas do tokenismo[154]

Se, historicamente, a subcultura LGBTI+ se constituiu e se afirmou não apenas distinta, mas contraposta à cultura hegemônica heterociscentrada, o cenário foi mudando nos últimos anos. Trocas interessantes foram sendo produzidas a partir do fortalecimento da subcultura LGBTI+, levando a tensionamentos e a um processo também de acomodações. De parte segmentada e guetificada de uma cultura que sempre se apresentou como universal, justamente a partir do apagamento e da invisibilização de grupos subalternos, uma determinada subcultura LGBTI+ vai sendo cada vez mais valorizada e consumida – também mercantilizada – pelo amplo conjunto da sociedade.

A produção de séries,[155] filmes,[156] peças de teatro, músicas, pesquisas, livros, publicidade, enfim, nas mais diversas linguagens artísticas com a temática LGBTI+ cresce de modo bastante expressivo. Essa subcultura sempre existiu, mas tradicionalmente estigmatizada e depreciada. A despeito do persistente preconceito, o reconhecimento em um público maior é algo inegável. Esse hackeamento da cultura hegemônica, com a ocupação de espaços antes reservados apenas à heterocisnormatividade, provoca resultados importantes do ponto de vista não apenas da visibilidade e do reconhecimento, mas da inclusão

---

[154] Sobre tokenismo, ver: BERTH, [s.d.].

[155] Merecem destaque, nos últimos anos, séries como *Pose, Veneno, Euphoria, It's a Sin, Sex Education, Heartstopper*.

[156] Diversos filmes tematizam essas discussões: *120 batimentos por minuto, O ano de 1985, Call me by your name, Uncle Frank, Lawrence Anyways, Corpo Elétrico, Meu corpo é político, Tatuagem, Divinas divas, Dzi Croquettes, Praia do futuro*.

e da representatividade. Artistas de enorme projeção se destacam na indústria cultural, pautando discussões sobre gênero e sexualidade a partir de seus trabalhos e performances.[157]

Assim, a ideia de representatividade passa a ocupar o centro da cena. Um passo além da visibilidade, a representatividade busca incluir de modo mais plural e efetivo. Não basta manifestar o amplo espectro da diversidade humana, mas deve-se colocar em questão os regimes de visibilidade, fazendo com que a demografia populacional esteja melhor refletida nos espaços de poder e de prestígio social. A representatividade é a diversidade somada a um compromisso real em incluir, alterando a história de apagamento e estigmatização que marca os grupos subalternos.

Tal operação exige, necessariamente, questionar e mudar posições de privilégios e, portanto, a própria ordem social e sexual. Afinal, as desigualdades são sempre relacionais. Eleger parlamentares trans, por exemplo, demanda alterações na cultura política, nos sistemas partidário e eleitoral, na percepção das pessoas em torno do papel de uma ou um congressista. E envolve um esforço por diversificar ambientes tradicionalmente ocupados por homens cisgêneros. A mesma coisa em relação a um significativo movimento de diversidade e inclusão no mercado corporativo. Inserir corpos negros, LGBTI+, pessoas com deficiência, mulheres exige mudanças na cultura organizacional dessas empresas no sentido de produzir um efetivo senso de acolhimento e pertencimento.

Esse deslocamento de expectativas é extremamente importante, pois pessoas que nunca tiveram referências de pessoas LGBTI+ podem se espelhar, se compreender e se identificar. Contudo, um risco que se coloca é de uma representatividade reduzida à visibilidade apenas formal, que consiste em uma apropriação da figura do subalterno não para uma mudança real, mas para legitimar a estrutura que produz as

---

[157] Sobre essa nova geração, que politiza de maneira bem peculiar o corpo e a identidade no campo sexual, destacam-se: Linn da Quebrada, Jaloo, Liniker, Johnny Hooker, As Bahias e a Cozinha Mineira, Pablo Vittar, Aretuza Lovi e Gloria Groove.

próprias desigualdades. O esvaziamento da ideia de representatividade, reduzida ao mero cumprimento de uma "cota" de pessoas LGBTI+ naquele espaço, apenas exotiza sua existência e reforça estereótipos. Essa operação perversa e bastante recorrente constitui um tipo de tokenismo, que não passa de um esforço de concessões simbólicas a grupos sub-representados para funcionar como escudo diante de cobranças. É mais marketing oportunista do que inclusão.

Assim, é sempre preciso questionar, para além das aparências, o discurso da representatividade. Até mesmo porque uma identidade pessoal não necessariamente se reflete em uma identificação política. Em outras palavras, há parlamentares LGBTI+ que não se engajam na defesa das bandeiras e causas da comunidade, trabalhando até mesmo em sentido contrário por aderir a valores conservadores e preconceituosos.[158] Dar mais poder para uma pessoa LGBTI+ que pensa e age assim não modifica a estrutura de preconceitos e discriminações.

A partir dos anos 2000, nota-se que, muitas vezes, o discurso da representatividade descambou para uma alegorização da diversidade, sem um olhar mais crítico para os fundamentos de produção das desigualdades e violências. Não basta ter um beijo gay ou um personagem trans na novela ou uma família homoafetiva na peça publicitária, assim como não é suficiente ter parlamentares LGBTI+ como Clodovil e Thamy Miranda, ou ainda um governador gay (e não um "gay governador") como Eduardo Leite.[159] Deve-se analisar, para além da figuração, as maneiras como essas pessoas e representações contribuem ou não para o avanço concreto das reivindicações históricas do movimento LGBTI+ por mais igualdades e liberdades.

Parece-me que o mais fundamental é analisar os dados de contexto para compreender como – e em que medida – um evento de representatividade indica uma tendência a uma maior abertura para discussões e políticas de equidade mais amplas, inclusive de um ponto

---

[158] Ver: https://bit.ly/39y1nU7. Acesso em: 2 maio 2022.

[159] Ver: https://bit.ly/3MJc3gP. Acesso em: 2 maio 2022.

de vista de proporcionalidade com a presença efetiva de um número maior de pessoas LGBTI+ nesses espaços.

Ciladas do direito, cooptação estatal e judicialização

O direito sempre cumpriu um papel central na normalização de uma ordem sexual, por ser visto como um tipo de racionalização da convivência humana mais "moderna", "técnica" e "imparcial" em relação às demais normas sociais, como a moral. Considerando essa dimensão ambivalente da existência da contribuição dada pelo direito no processo de modernização das sociedades ocidentais, torna-se pertinente questionar: em que medida a enunciação de liberdades públicas pela via do direito teria um potencial emancipador ou, ao contrário, faria sentido afirmar que todo o impulso de universalização de garantias jurídicas estaria sorvido pela normalização vigilante dos modos de vida? Estaríamos construindo uma efetiva igualdade ou estendendo a rígida matriz heterossexual que informa as estruturas jurídicas?

Em outras palavras, ao mesmo tempo em que a garantia de direitos abre um campo de embates para sua própria realização concreta, mobilizando novos atores e estratégias de luta para efetivar cada conquista, também ele pode ser decisivo para forjar subjetividades à luz de suas prescrições morais e princípios estreitos, reduzindo a diversidade de modos possíveis de vida e de desejo em uma abstração e uma universalização típicas da regulação jurídica. Para Eder Monica (2020, p. 1361), há o risco de o direito estar "colonizando os discursos dissidentes, alternativos ou contrários ao paradigma liberal sobre o modo de produção de políticas de gênero e sexualidade". Ademais, por meio das promessas de direitos, pode auxiliar a promover uma assimilação dos movimentos sociais, despolitizando os conflitos e tornando-se, em verdade, um dispositivo de gestão das expectativas, sem transformações mais profundas na estrutura social.

No campo dos direitos de sexualidade, essa tensão entre reconhecimento e colonização ou, para radicalizar a oposição, entre libertação e opressão parece atingir um ponto privilegiado para análise. Há a mobilização bastante marcada de uma "gramática do sofrimento" para conceder ou negar direitos, além de práticas generificadas ainda prevalentes nas decisões analisadas do STF (VIEIRA; EFREM, 2020). Por essa razão, sempre repousa, por trás dessa figura da regulação jurídica que fascina e preocupa aqueles que buscam uma política radical da sexualidade, tanto do ponto de vista intelectual quanto do militante, um juízo de valor ambíguo. Normalmente, estes reconhecem as conquistas, mas ressaltam as limitações também dessa via de encaminhamento dos conflitos.

Isso porque o sistema jurídico constitui um suporte fundamental de estabilização identitária e, muitas vezes, de naturalização de desigualdades e diferenças nas sociedades ocidentais modernas. Ao enquadrar as relações sociais e seus agentes a partir da categoria universal de sujeito de direito, esse mecanismo opera uma redução da complexidade dessas relações e promove, simultaneamente, tanto a imposição de identidades como a atribuição de certas garantias jurídicas.[160] Além disso, hierarquiza os diferentes modos de vida, separando-os entre os lícitos e os não lícitos ou, para usar uma linguagem mais comum e menos técnica, contribui para traçar os contornos sociais entre aqueles considerados "normais" e os "anormais".

Desse modo, mesmo quando reconhece garantias historicamente reivindicadas, como a união entre pessoas do mesmo sexo, o direito reproduz valores conservadores de assimilação e exclui outros modos de vida e de conjugalidade. A concepção familista transparece dos votos dos ministros do STF no julgamento dessa temática (QUINALHA, 2017). A família – e não a orientação sexual diversa – é a tônica da proteção assegurada pelo STF. O reconhecimento dos direitos sexuais vem subordinado à lógica de um tipo de família. A inclusão parece

---

[160] Essa relação entre o político e o jurídico é bem explorada por Butler (2003, p. 19), que afirma que "a construção política do sujeito procede vinculada a certos objetivos de legitimação e exclusão, e essas operações políticas são efetivamente ocultas e naturalizadas por uma análise política que toma as estruturas jurídicas como seu fundamento. O poder jurídico 'produz' inevitavelmente o que alega meramente representar – função dual do poder: jurídica e produtiva".

sempre ser excludente[161]: protege-se casais do mesmo sexo desde que vivam como casais heterossexuais tradicionais. Exemplo disso é a falta de reconhecimento jurídico de uniões poliafetivas no ordenamento jurídico brasileiro, por subverter a noção de família formada a partir de um núcleo de duas pessoas.[162]

No mesmo sentido de inclusão excludente se alinha a decisão de 2018 do STF que reconheceu o direito à identidade de gênero para pessoas trans. Sem negar a conquista enorme que isto representou, vale destacar que há um binarismo bastante marcado: pessoas trans só são reconhecidas e respeitadas se estiverem enquadradas e assumirem uma posição claramente masculina ou feminina. Isso exclui pessoas trans não binárias ou de gênero neutro (ou a-gênero). No caso das pessoas intersexo, o caminho jurídico ainda é bastante precário, pois elas precisam assumir uma patologia de "Anomalia de Diferenciação Sexual" para não estar enquadradas no masculino ou no feminino nos registros civis.[163]

No que concerne à proteção contra a violência, a criminalização da LGBTIfobia reconhecida em 2019 pelo STF, a despeito de sua importância simbólica, implica um tipo de reforço a um sistema penal estruturado a partir de uma lógica punitivista que tem por alvo principal pessoas negras e pobres, reforçando desigualdades raciais e de classe (MARTINS, 2021; MASIERO, 2021; CARVALHO, 2017; ROMFELD, 2020; RIOS; MELLO, 2015).

Como se pode perceber, é preciso cautela com esse processo de hiperjudicialização das demandas LGBTI+ (CARDINALI, 2018). Ainda

---

[161] "Inclusão" ou atribuição de determinado estatuto a algo ou a alguém implicam sempre atos correlatos de exclusão ou deslegitimação. Ver: SHORE; WRIGHT, 1997, p. 6.

[162] Ver: TEIXEIRA, 2018. Ou, ainda, o entendimento do STF que rejeita reconhecimento de duas uniões estáveis simultâneas, expresso na tese fixada em 18 de dezembro de 2020: "A preexistência de casamento ou de união estável de um dos conviventes, ressalvada a exceção do artigo 1.723, parágrafo 1º, do Código Civil, impede o reconhecimento de novo vínculo referente ao mesmo período, inclusive para fins previdenciários, em virtude da consagração do dever de fidelidade e da monogamia pelo ordenamento jurídico-constitucional brasileiro" (STF, 2020, [s.p.]).

[163] Ver: https://bit.ly/3LFVX7Q. Acesso em: 2 maio 2022.

que o uso estratégico de tribunais seja uma ferramenta importante para movimentos sociais trilharem um caminho para a cidadania, rendendo vitórias fundamentais, deve-se sempre manter um viés crítico a essa tática pelas razões acima apontadas e pelo modo como conservadores vêm, neste momento, disputando as Cortes como fizeram com o Legislativo. Ademais, ainda é preciso avançar muito no sentido de construir um direito democrático da sexualidade que se apegue menos a identidades e mais a liberdades e à autodeterminação, um direito que não exclua na mesma medida em que inclui novas formas de relações e existências.[164]

Lugares de fala e urgência da escuta[165]

A militância e os ativismos no campo dos direitos humanos têm crescido significativamente nos últimos anos, conforme se constata na proliferação de publicações sobre a temática, na multiplicação de coletivos organizados, na profusão de discursos que reivindicam essa referência, na atuação de organismos governamentais e não governamentais disputando os sentidos e limites desses direitos humanos.

Isso decorre de diversos fatores, dentre os quais pode-se destacar a crise da forma partido (com seu programa de transformação universal e algo abstrato) como a organização política por excelência, a segmentação de pautas e reivindicações por reconhecimento a partir de marcadores sociais de diferenças (gênero, sexualidade, raça, idade, etnia etc.) e um desgaste do sistema político que tem desacreditado os canais institucionais tradicionais da política para incorporação das agendas de grupos vulneráveis diante do crescimento das forças conservadoras nas instâncias estatais.

---

[164] Para um aprofundamento dessas discussões, ver: MONICA; MARTINS, 2017; RIOS, 2006.

[165] Uma versão desta seção foi publicada como artigo no site da revista CULT em 10 de novembro de 2015, antes ainda desse debate ganhar maior visibilidade e repercussão. Ver em: https://bit.ly/3vyHnZT. Acesso em: 2 maio 2022.

Além disso, a emergência de tecnologias e a reconfiguração do espaço público da vida e da política, com novas formas de comunicação e interatividade, têm permitido a profusão de ações menos centralizadas, intensamente subjetivizadas, um tanto mais criativas e algo mais difusas do que no período anterior, propiciando novos laços e maiores dificuldades de assentar acúmulos e cristalizar saldos organizativos.

Ainda que seja precipitado decretar a exaustão total de paradigmas anteriores e ainda que não haja uma substituição por inteiro de uma forma de militância por outras, como algumas versões mais romanceadas dessa narrativa sugerem, nota-se deslocamentos e tensões importantes na experiência política de novas gerações, que combinam reivindicações por justiça redistributiva com demandas marcantes de reconstrução de identidades e subjetividades.

Nesse processo gradativo e em aberto, que se desenrola cotidianamente e nos mais diferentes espaços, os grilhões que prendem corpos e desejos parecem importar tanto quanto a crítica à propriedade privada dos meios de produção; combate a racismo, machismo, LGBTIfobia já não são assuntos para depois do "dia D" da revolução; redes sociais e internet permitem conexões e potencializam ações impensáveis à época da sociabilidade política restrita ao chão de fábrica.

Cada desterritorialização, assim, aparece como produto e, ao mesmo tempo, fato gerador de mudanças nas relações de poder ordenadas sob o regime de partilha anterior. São reconfigurações entre sociedade civil e Estado, mas, sobretudo, são empoderamentos que desequilibram o interior do próprio campo das esquerdas com seus partidos, movimentos sociais, organizações de base etc. Cada passo gera uma resistência à mudança e tensionamentos. O que era então mero apêndice a lutas "maiores" e "mais transformadoras" torna-se protagonista da luta contra a própria opressão.

Não há dúvida de que essa fronteira cruzada não permite mais volta: a libertação dos grupos que estão assujeitados por opressões estruturais não dependerá de favores, gentilezas e concessões. A (auto) organização, a voz e as lutas desses grupos serão, cada vez mais, de titularidade dos próprios sujeitos afetados pela violência dos preconceitos e da discriminação. E é neste contexto que o questionamento e a problematização trazidos pela reivindicação dos "lugares de fala" emergem.[166] É inegável a importância desse descentramento do pensar e do fazer a política para além do assento privilegiado e supostamente universal do homem branco, heterossexual, cis e endinheirado na história.

Os verbos da ação política, assim, não podem mais ser conjugados em terceira pessoa, mas em primeira. Ninguém melhor do que o grupo que é portador da experiência do sofrimento e do preconceito para capitanear sua própria emancipação. Ainda que a experiência subjetiva do sofrimento não se converta, automaticamente, em consciência ideológica da opressão. O "lugar de fala" remete, simultaneamente, a um duplo movimento: o de tomada de um ponto de enunciação que deveria pertencer por legitimidade de experiência ao oprimido e, ao mesmo tempo, o de despejo do titular de um lugar ocupado, por força da dominação, por aqueles que se apossaram das tradições de fala em uma sociedade estratificada.

Desse modo, a fala expressa uma determinada configuração das relações de poder que estrutura os lugares sociais que conferem reconhecimento a cada pessoa. A cada um, segundo esse diagrama, cabe ocupar a área definida pelos limites predeterminados dos seus territórios. Romper com a determinação justificada a partir de preconceitos e estigmas, como a "incapacidade" da mulher, a "brutalidade" dos negros, a "anormalidade" das pessoas LGBTI+, é um passo fundamental na afirmação da igualdade elementar e das diferenças constitutivas desses grupos.

Somente com o transbordamento dos estreitos traços desenhados por uma ordem social excludente é que esses grupos minorizados (que a rigor sequer são minorias) conquistam sua visibilidade, suas reivindicações e seus direitos. No entanto, determinados usos (e abusos) desse conceito de "lugar de fala" têm levado a uma lógica problemática de privatização das pautas em uma armadilha nos movimentos de direitos humanos. A superafirmação desses lugares como únicas e

---

[166] Um dos trabalhos mais importantes sobre o tema, tanto pelo conteúdo como pelo alcance, é o da filósofa Djamila Ribeiro. Ver: RIBEIRO, 2017.

exclusivas fontes de legitimidade para discutir problemas que tocam a todos acabam alienando ainda mais esses grupos e desresponsabilizando aqueles que deveriam se implicar (não por generosidade, mas por dever) nas lutas por igualdade e respeito.

O "lugar de fala" tem sido, por vezes, apropriado de modo a não combater a estratificação, mas a reproduzir as hierarquias. Como se sabe, nesse longo processo histórico de questionamento de privilégios, os lugares de enunciação não se traduzem, necessariamente, em posições coerentes e emancipatórias com a ontologia dos sujeitos. Por exemplo, gays, apesar de viverem cotidianamente sua sexualidade dissidente da heteronormatividade, também reproduzem homofobia – para não dizer machismo, racismo, preconceito de classe, dentre outros. Ou seja, o oprimido introjeta as mesmas estruturas, potencialmente, que induzem a seu assujeitamento na ordem de discriminação e preconceito, com todas as contradições aí existentes.

Perry Anderson, em seu conhecido ensaio sobre as "trilhas do materialismo histórico", analisa a curiosa constatação de que as principais lideranças da classe operária não eram, por certidão de nascimento, membros dessa mesma classe. Marx, Engels, Lenin, Trotsky, Lukács, Rosa Luxemburgo e outros que se engajaram profundamente nas lutas revolucionárias contra o capitalismo não eram de famílias empobrecidas e operárias (ANDERSON, 2004). Se a "lei de ferro" do "lugar de fala" na sua acepção mais tradicional estivesse vigente desde o século XIX, provavelmente não conheceríamos o legado desses lutadores, que transitaram e viveram profundamente questões que poderiam ser consideradas alheias à sua condição e aos seus interesses mais imediatos.

Essa analogia evocada, guardada as devidas proporções, tem por finalidade apenas mostrar que uma abertura maior é necessária para a construção de alianças e apoios para as nossas pautas. A legítima reivindicação do "lugar de fala" não se pode engessar em uma espécie do "você sabe com quem está falando?" nas militâncias de direitos humanos. A política transformadora que almeja universalizar princípios de igualdade e de liberdade deve ser atividade de todos. Por direito e por obrigação. Não precisa ter título que legitime um único "discurso competente" que desqualifique de partida as outras falas e lugares. As diversas experiências – diretas e indiretas – com uma sociedade opressora precisam ser ouvidas por oferecerem outros "lugares de fala" com contribuições particulares, desde que, obviamente, haja disposição de luta para mudar o que está aí. O que não vale é legitimar discursos opressores de jeito nenhum.

De outro lado, obviamente, nem todas as pessoas falam do mesmo lugar social e possuem as mesmas relações como as estruturas de opressão. Não se pode negar a existência de "lugar de fala", mas precisamente se deve frisar que "lugares de fala" ou ainda "sujeitos de discurso" são expressões que se pronunciam sempre no plural. Nesse sentido, falta ainda aprendermos a valorizar a fala e a escuta de todos. A busca por todas as distintas experiências deve ser incessante e, ainda que não seja fácil de ser atingida (se é que pode ser plenamente atingida), serve como um referencial para a busca de um novo universalismo mais aberto, diverso e democrático.

Não se pode, portanto, colocar apenas o homem branco, cis e heterossexual para falar em nome de todas as "minorias", por mais que ele se sensibilize com as questões. Mas tampouco se pode desqualificar de partida qualquer iniciativa desses homens quando tentam ser aliados do movimento LGBTI+, por exemplo. Até mesmo porque, na nossa sociedade de privilégios, esse homem poderá estar em determinados espaços ainda inacessíveis aos outros segmentos, veiculando reivindicações e demandas destes a públicos de difícil acesso. Constatar isso não significa resignação com o fato de que determinados espaços ainda estão bloqueados. Sem dúvida, é preciso romper esses bloqueios, e os lugares onde circulam os homens brancos cis e heterossexuais também devem estar abertos à presença das mulheres, dos negros, das pessoas LGBTI+. No entanto, entre o mundo ideal e o real há uma distância, e a questão é qual tática adotaremos para fazer com que esses mundos venham a se aproximar ou mesmo a coincidir.

Não se trata, aqui, de sugerir um relativismo ingênuo ou opressor de colocar em um mesmo patamar todas as experiências. Ao contrário disso: somente reconhecendo o que há de peculiar em cada vivência é que compreenderemos a necessidade de todas elas terem seu espaço e responsabilidade.

A tentação de uma militância narcisista e (auto)destrutiva

Precisamos de muito mais gente militando das mais diversas e impensadas formas, e não de menos gente fazendo sempre o mesmo. Isso demanda a generosidade de reconhecer e estimular com iniciativas que nem sempre nos contemplam perfeitamente. A renovação das nossas práticas e das nossas ideias é um imperativo desses tempos.

Não se quer dizer aqui que todas as militâncias se equivalham ou que todas devam ser aceitas do mesmo modo. Mas, em se tratando de pessoas honestas e com engajamento sério, não há razão para não haver uma boa dose de fraternidade e abertura ao diálogo. A destruição de laços de cumplicidade e de confiança abala as possibilidades de construção de pontes comuns e de alianças estratégicas que vão além das discordâncias pontuais que sempre vão existir.

Precisamos de atenção sempre redobrada em relação às reproduções de machismo, de racismo, de LGBTIfobia e outras formas de preconceito que frequentam as nossas subjetividades e os nossos coletivos. Já não podemos tolerar, em grau algum, argumentos que hierarquizam opressões como durante muito tempo se passou inclusive no campo "progressista" e das "esquerdas". Não há uma fila prioritária da luta social em que primeiro se deve combater exploração econômica, depois o machismo, o racismo, a LGBTIfobia ou outras formas de preconceito.

Contudo, precisamos saber diferenciar a maneira como esses preconceitos se manifestam em cada sujeito. Um esforço para compreender isso não significa, de modo algum, ser conivente ou tolerante com a reprodução das estigmatizações, mas sim uma preocupação com dar uma chance ao outro para que ele possa desconstruir suas visões formatadas culturalmente e melhorar.

A eleição de adversários é um momento fundamental de qualquer luta política. É preciso identificar bem contra quem se luta para alcançar uma vitória, saber de onde virá a resistência e aferir quanto de energia e força será necessário depositar em cada frente. Nos casos de discriminações que são estruturais, é evidente que não se pode simplesmente desresponsabilizar os seres humanos que agenciam essas estruturas e dão concretude às violências. Mas não se pode também demonizar sujeitos como se eles fossem a encarnação das estruturas de poder que se quer, em última instância, combater. Personalizar em nível extremo só tranquiliza a consciência de atacar um espantalho, mas não garante, por si só, um avanço significativo na luta.

Um problema bastante comum nas militâncias é o de não modular os diferentes discursos para os diferentes públicos existentes. Uma matização precisa ser feita a depender do público-alvo: há pessoas que não estão em disputa e que merecem apenas o embate direto e a ofensa na mesma moeda, mas há pessoas que estão abertas para ouvir, aprender e melhorar. Se darmos diálogos para aquelas e porrada nestas, erramos totalmente. Se orientarmos a atuação por uma postura beligerante e pouco aberta, gozaremos de consciência tranquila, mas a tendência são um maior isolamento e o enfraquecimento das pautas específicas, que serão incapazes de dialogar e ampliar sua esfera de incidência e de pressão na sociedade.

Não parece salutar impor, à nossa imagem e semelhança, uma cobrança para que todas as formas de militância sejam enquadradas e reduzidas em sua complexidade à postura que escolhemos para nós mesmos. É evidente que os tipos de militâncias, suas potencialidades e suas limitações para as lutas sociais e as causas que defendemos devem ser questionadas, debatidas e problematizadas na medida em que dizem respeito a todos que estão engajados nos movimentos. Mas não a partir de caricaturas que desqualificam de antemão, sem dar chance de melhorar, pessoas que se identificam com o nosso próprio campo.

A dureza excessiva no trato e a intolerância ao outro não significam radicalidade política e maior energia emancipatória. A forma perversa de destruição e não de desconstrução do outro no que ele tem de problemas se personifica em uma imagem contemporânea do militante em seu território seguro, com posições bem demarcadas e armas apontadas para sustentar distâncias e autopromoção.

A postura excessivamente individualista e pouco construtiva de alguns militantes, facilitada pela ação política virtual em que basta um clique para desencadear uma opinião e uma briga, está gerando exatamente isso: uma expectativa idealizada de outro, um narcisismo que só reconhece digna de reconhecimento e respeito a própria imagem projetada em um espelho. A renovação material das bandeiras e programas do nosso campo também precisa, ainda, de uma reinvenção das práticas e métodos à altura. Temos de falar muito e de ouvir também bastante nesse processo de recriação das nossas militâncias dentro e fora do movimento LGBTI+.

Cultivar as memórias, preservar os acervos

Em diversos campos de reflexão, a memória tem assumido uma importância cada vez maior, sendo apropriada das mais diferentes formas, desde as teorias filosóficas e sociológicas até a estética e a ética. Alguns autores chegaram a afirmar que vivemos, atualmente, com fome de passado, em uma era da memória.

Usualmente, em especial no senso comum, contrapõe-se à memória uma ideia de esquecimento. Este nada mais seria do que a incapacidade ou a impossibilidade de recordar. Os problemas do lembrar e do esquecer se constituem como campos fundamentais que demarcam os processos de construção da memória tanto no âmbito privado quanto no público. Pois a constituição de uma memória, dentre as inúmeras possíveis, vem sempre acompanhada da ameaça da sua dissolução, muitas vezes concretizada no que representa o esquecimento e o silenciamento (SOARES; QUINALHA, 2011).

No caso das pessoas e da comunidade LGBTI+, como visto na introdução deste livro, a memória coloca-se como dispositivo ainda mais central de criação de laços e de um senso de hereditariedade. É com ela – e por meio dela – que se transmite hábitos, práticas, valores e cultura entre as gerações. Ela assume a feição de memória de combate, contra-hegemônica, de resistência às tentativas de apagamento.

Nos últimos anos, nota-se um crescente interesse na história da comunidade LGBTI+ no Brasil e no mundo. Inúmeros projetos vêm se dedicando a registrar, compilar, sistematizar, expor e divulgar fatos e acontecimentos históricos vinculados à construção da identidade individual e coletiva de LGBTI+ em nosso país. Além das já mencionadas dificuldades de compor uma história a partir de rastros e de fragmentos que vêm sendo soterrados por escritas heterociscentradas da história, há um dado da conjuntura atual que torna ainda mais difícil essa tarefa: a destruição das políticas culturais e o desmonte dos arquivos públicos no Brasil.

Muitos acervos sobre as vivências e os ativismos LGBTI+ acabavam guardados pelas próprias pessoas em suas casas, de modo privado, já que não se via interesse por parte de instituições na custódia desses materiais. Na época da epidemia da AIDS, o extermínio da comunidade LGBTI+ fez com que muitos desses documentos de valor histórico se perdessem, pois as famílias de origem não viam importância alguma ou até mesmo queriam se livrar da lembrança de parentes LGBTI+. Com o passar do tempo, foi possível despertar o interesse de arquivos públicos e outras instituições para a salvaguarda de materiais da comunidade LGBTI+. Abriram-se brechas e espaços importantes em diversas partes do país, permitindo não apenas a preservação, mas a disponibilização desses documentos para pesquisadores.

Essas fontes, junto com um processo de investimento na educação pública e de multiplicação de programas de pós-graduação desde o começo dos anos 2000, têm sido fundamentais para o surgimento de trabalhos com novos recortes temporais, territoriais e temáticos no âmbito dos estudos de gênero e sexualidade. No entanto, os anos mais recentes têm colocado desafios para a continuidade e o aprofundamento dessa tendência positiva. Os sucessivos cortes de orçamento das áreas da cultura e da educação, sempre em nome de um ajuste fiscal, ao lado de uma visão moral conservadora (e abertamente LGBTIfóbica) que está pautando a ação de agências de fomento e instituições de Estado sob o governo Bolsonaro, estão comprometendo os avanços até aqui obtidos.

Pode-se dizer que há um processo de extermínio da memória das lutas sociais no Brasil, embalado pelas campanhas de desinformação, desvalorização da ciência e ataque deliberado a grupos vulnerabilizados. Esse extermínio se verifica, em plena luz do dia, no desmonte de arquivos públicos, na nomeação de chefias com pouco apreço pelas instituições, na perda de documentos, incêndio em acervos, dentre outras barbaridades que já têm sido normalizadas. Tudo isso atesta a relevância de iniciativas da sociedade civil e do movimento LGBTI+, como o Acervo Bajubá,[167] o Centro de Documentação Prof. Dr. Luiz Mott – CEDOC LGBTI+,[168] o Arquivo Lésbico Brasileiro,[169] o Museu Bajubá,[170] além de instituições arquivísticas mais consagradas e com vínculos com o Estado, tais como o Arquivo Edgard Leuenroth (AEL) da Universidade Estadual de Campinas (UNICAMP)[171] e o Museu da Diversidade Sexual, em São Paulo.[172]

Em um contexto de precarização dos arquivos públicos e perseguição estatal, bem como de emergência de novas possibilidades de ação pela internet e pelas redes sociais, tais iniciativas colaboram decisivamente no processo de preservação, digitalização, escrita e divulgação de histórias LGBTI+ em nossos tempos e merecem todo apoio para aprofundar esse tipo de trabalho primordial não apenas para nos restituir um passado LGBTI+, mas um presente e um futuro com mais diversidade e dignidade para nossa comunidade.

Que este livro, que olha para trás e para o presente simultaneamente, possa nos ajudar a imaginar criticamente novas saídas e caminhos para um futuro do ativismo LGBTI+. Mais do que um texto para ser lido, esta obra é um esforço de intervenção e diálogo dentro de uma comunidade que tem feito muito e certamente fará ainda mais para as lutas por liberdade, igualdade e justiça.

---

[167] Ver: https://acervobajuba.com.br/. Acesso em: 2 maio 2022.

[168] Ver: https://bit.ly/3LEhvBt. Acesso em: 2 maio 2022.

[169] Ver: https://bit.ly/3ky6HsS. Acesso em: 2 maio 2022.

[170] Ver: https://museubajuba.org/. Acesso em: 2 maio 2022.

[171] Ver: https://www.ael.ifch.unicamp.br/. Acesso em: 2 maio 2022.

[172] Ver: http://www.mds.org.br/. Acesso em: 2 maio 2022.

Referências

ADICHIE, Chimamanda Ngozi. *O perigo de uma história única*. Tradução de Julia Romeu. São Paulo: Companhia das Letras, 2019.

AEL/UNICAMP, FUNDO SOMOS, grupo 7, série 2, correspondência recebida, 1981, documento 441.

AGIER, Michel. *Antropologia da cidade: lugares, situações, movimentos*. Tradução de Graça Índias Cordeiro. São Paulo: Editora Terceiro Nome, 2011.

AGUIAR, Neuma. Patriarcado, sociedade e patrimonialismo. *Sociedade e Estado*, on-line, v. 15, n. 2, p. 303-330, 2000.

ALMEIDA, Sílvio Luiz de. *Racismo estrutural*. São Paulo: Jandaíra, 2020. (Coleção Feminismo Plurais/ Selo Sueli Carneiro.)

ANDERSON, Benedict. *Comunidades imaginadas: reflexões sobre a origem e a difusão do nacionalismo*. Tradução de Denise Bottman. São Paulo: Companhia das Letras, 2008.

ARNEY, Lance; FERNANDES, Marisa; GREEN, James. Homossexualidade no Brasil: uma bibliografia anotada. *Cadernos AEL*, Campinas, v. 18, n. 19, 2010.

BAIM, Tracy (Ed.). *Gay Press, Gay Power: The Growth of LGBT Community Newspapers in America*. Chicago: Prairie Avenue Productions and Windy City Media Group, 2012.

BEACHY, Robert. *Gay Berlin: the Birthplace of a Modern Identity*. Nova York: Vintage Books, 2014.

BEN, Pablo; INSAUSTI, Santiago Joaquin. Dictatorial Rule and Sexual Politics in Argentina: The Case of the Frente de Liberación Homosexual, 1967–1976. *Hispanic American Historical Review*, v. 97, n. 2, p. 297-325, 1 maio 2017. DOI: https://bit.ly/3F5Z5Hv.

BENTO, Berenice. Nome social para pessoas trans: cidadania precária e gambiarra legal. *Contemporânea*, v. 4, n. 1 p. 165-182, jan.-jun. 2014.

BERLANT, Laurent; WARNER, Michael. Sexo em público. In: JIMÉNEZ, Rafael M. M. (Ed.). *Sexualidades transgressoras*. Barcelona: Içaria, 2002.

BERTH, Joice. Tokenismo e a consciência humana: uma prática covarde. *Medium*, on-line, [s.d.]. Disponível em: https://bit.ly/3y5rY5d. Acesso em: 20 abr. 2022.

BORTOLOZZI, Remom Matheus. *Entre trapos e colchas: vestígios da memória LGBT sobre as primeiras respostas paulistanas à epidemia de HIV/Aids*. 387 f. 2021. Tese (Doutorado em Medicina Preventiva) – Programa de Pós-Graduação em Saúde Coletiva, Faculdade de Medicina, Universidade de São Paulo, São Paulo, 2021.

BRASIL. Senado Federal. *Anais da Assembleia Constituinte (Atas de Comissões). Comissão da Soberania e dos Direitos e Garantias do Homem e da Mulher – Subcomissão dos Direitos Políticos e Garantias Individuais. Ata da Reunião realizada em 27 de abril de 1987*. Brasília: Congresso Nacional, 1987.

BUTLER, Judith. *Problemas de gênero: feminismo e subversão da identidade*. Tradução de Renato Aguiar. Rio de Janeiro: Companhia das Letras, 2016.

CARDINALI, Daniel Carvalho. *A judicialização dos direitosLGBT no STF: limites, possibilidade e consequências*. Belo Horizonte: ArraesEditores, 2018.

CARNEIRO, S. Enegrecer o feminismo: a situação da mulher negra na América Latina a partir de uma perspectiva de gênero. In: ASHOKA EMPREENDEDORES SOCIAIS; TAKANO CIDADANIA (Orgs.). *Racismos contemporâneos*. Rio de Janeiro: Takano, 2003. p. 49-58.

CARRANO LELIS, Rafael; VIDAL DE OLIVEIRA, Adriana. Inclusão excludente: limitações da incidência política na luta pela inclusão da orientação sexual na Assembleia Nacional Constituinte. *Direito Público*, [s.l.], v. 18, n. 97, abr. 2021. Disponível em: https://bit.ly/3vVsGPL. Acesso em: 20 abr. 2022.

CARVALHO, José Murilo de. *Cidadania no Brasil: o longo caminho*. 7. ed. Rio de Janeiro: Civilização Brasileira, 2005.

CARVALHO, Salo de. Sobre a criminalização da homofobia: perspectivas desde a criminologia queer. In: CARVALHO, Salo de; DUARTE, Evandro Piza. *Criminologia do preconceito: racismo e homofobia nas ciências criminais*. São Paulo: Saraiva, 2017, p. 229-254.

CASTEL, Pierre-Henri. Algumas reflexões para estabelecer a cronologia do "fenômeno transexual" (1910-1995). *Revista Brasileira de Histó*ria, São Paulo,

v. 21, n. 41, p. 77-111, 2001. Disponível em: https://bit.ly/3MJ0CWG. Acesso em: 20 mar. 2021.

CHAUNCEY, George. *Gay New York: Gender, Urban Culture and the Making of the Gay Male World (1890-1940)*. Nova York: Basic Books, 1994.

COHEN, Stanley. *Folk Devils and Moral Panics: The Creation of the Mods and the Rockers*. Oxford: Basil Blackwell, 1987.

COLLINS, Patricia Hill. Se perdeu na tradução? Feminismo negro, interseccionalidade e política emancipatória. *Parágrafo*, v. 5, n. 1, jan.-jun. 2017.

CONNELL, Raewyn; PEARSE, Rebecca. *Gênero: uma perspectiva global*. Tradução e revisão técnica por Marília Moschkovich. São Paulo: nVersos, 2015.

CORRIGAN, Lisa M. Queering the Panthers: Rhetorical Adjacency and Black/Queer Liberation Politics. *QED: A Journal in GLBTQ Worldmaking*, v. 6, n. 2, p. 1-25, Summer 2019.

COWAN, Benjamin. *Securing Sex: Morality and Repression in the Making of Cold War Brazil*. Chapel Hill: University of North Carolina, 2016.

CRENSHAW, Kimberlé. Documento para o encontro de especialistas em aspectos da discriminação racial relativos ao gênero. *Revista Estudos Feministas*, on-line, v. 10, n. 1, p. 177, 2002. Disponível em: https://bit.ly/3KOludP. Acesso em: 30 jan. 2022.

CRIMES SEXUAIS. *Lampião da Esquina*, n. 6, nov. 1978. Disponível em: https://bit.ly/3OKvM1H. Acesso em: 20 abr. 2022.

CRUZ, Rodrigo. *Do protesto às urnas: o movimento homossexual na transição política*. 189 f. 2015. Dissertação (Mestrado em Ciências Sociais) – Programa de Pós-Graduação em Ciências Sociais, Escola de Filosofia, Letras e Ciências Humanas, Universidade Federal de São Paulo, São Paulo, 2015.

DAMETTO, Jarbas; SCHMIDT, Júlia Cristina. Entre conceitos e preconceitos: a patologização da homossexualidade em *Psychopathia Sexualis* de Richard Von Krafft-Ebing. *Perspectiva*, Erechim, v. 39, n. 148, p. 111-121, dez. 2015.

DANIEL, Herbert. *Passagem para o próximo sonho: um possível romance autobiográfico*. Rio de Janeiro: Codecri, 1982.

DA SILVA, Jovanna Cardoso. *Bajubá Odara: resumo histórico do nascimento do movimento de travestis do Brasil*. Picos (PI): Autopublicação, 2021.

D'EMILIO, John. *Sexual Politics, Sexual Communities: The Making of a Homosexual Minority in the United States, 1940-1970*. Chicago: University of Chicago Press, 1983.

D'EMILIO, John. O capitalismo e a identidade gay. *LavraPalavra*, on-line, 19 mar. 2021. Disponível em: https://bit.ly/3y4jnzG. Acesso em: 20 abr. 2022.

DEMISSÃO, PROCESSO, PERSEGUIÇÕES: mas qual é o crime de Celso Curi? *Lampião da Esquina*, n. 0, abr. 1978, p. 7.

DOMEIER, Norman. *The Eulenburg Affair: A Cultural History of Politics in the German Empire*. Nova York: Camden House, 2015.

DOSE, Ralf. The World League for Sexual Reform: Some Possible Approaches. *Journal for the History of Sexuality*, v. 12, n. 1, p. 1-15, jan. 2003.

DUBERMAN, Martin. *Stonewall*. Nova York: Plume, 1994.

DUBERMAN, Martin. *Has the gay movement failed?*. Berkeley: University of California Press, 2018.

DUBERMAN, Martin; VINICUS, Martha; CHAUNCEY, George (Orgs.). *Hidden from History: Reclaiming the Gay and Lesbian Past*. Nova York: Meridian, 1989.

DUGGAN, Lisa. The New Homonormativity: The Sexual Politics of Neoliberalism. In: CASTRONOVO, Russ; NELSON, Dana D.; PEASE, Donald E. (Eds.). *Materializing Democracy: Toward a Revitalized Cultural Politics*. Nova York: Duke University Press, 2002. p. 175-194.

ENGELS, Friedrich. *A origem da família, do Estado e da propriedade privada*. Tradução de Nélio Schneider. Ilustrações de Cássio Loredano. Prefácio de Alysson Leandro Mascaro. São Paulo: Boitempo, 2018.

ERIBON, Didier. *Reflexões sobre a questão gay*. Tradução de Procópio Abreu. São Paulo: Companhia de Freud, 2008.

EVANS, Judith. Feminist Theory Today: an Introduction to Second-wave Feminism. Londres: Sage, 1995.

ESTÃO QUERENDO CONVERGIR. Pra onde? *Lampião da Esquina*, n. 02, jun.-jul. 1978.

FALQUET, Jules. Por uma anatomia das classes de sexo: Nicole-Claude Mathieu ou a consciência das oprimidas. *Lutas Sociais*, São Paulo, v. 18 n. 32, p. 9-23, jan.-jun. 2014.

FALUDI, Susan. *Backlash: o contra-ataque na guerra não declarada contra as mulheres*. Tradução de Mario Fondelli. Rio de Janeiro, Rocco, 2001.

FARIA, Gentil de. Cenas de um tribunal. *Folha de S.Paulo*, domingo, 21 maio 1995. Disponível em: https://bit.ly/3vBikFV. Acesso em: 20 abr. 2022.

FERNANDES, Estevão R. *"Existe índio gay?": a colonização das sexualidades indígenas no Brasil*. Curitiba: Editora Prismas, 2017.

FOUCAULT, Michel. *História da Sexualidade I: a vontade de saber*. Tradução de Maria Thereza da Costa. Rio de Janeiro: Graal, 1985.

FRANK, André Gunder; FUENTES, Marta. Dez teses acerca dos movimentos sociais. *Lua Nova: Revista de Cultura e Política*, on-line, n. 17, p. 19-48, 1989. Disponível em: https://bit.ly/3OPxJtI. Acesso em: 20 abr. 2022.

FRASER, Nancy. Da redistribuição ao reconhecimento? Dilemas da justiça numa era "pós-socialista". *Cadernos de Campo*, São Paulo, n. 14/15, p. 1-382, 2006.

FRASER, Nancy. Do neoliberalismo progressista a Trump e além. *Política & Sociedade,* Florianópolis, n. 40, p. 43-64, 2018.

FRY, Peter. Da hierarquia à igualdade. In: FRY, Peter. *Para inglês ver: identidade e política na cultura brasileira*. Rio de Janeiro: Zahar, 1982.

GABRIEL, João *et al. Homonormatividade e homonacionalismo: conceitos para pensar o Brasil recente?*. Campina Grande: Realize Editora, 2021.

GALLO, Marcia M. *Differente daughters: a history of the Daughters of Bilitis and the rise of the lesbian rights movement*. New York, 2007.

GELDER, Ken (Ed.). *The Subcultures Reader*. Londres; Nova York: Routledge, 2005.

GGB – Grupo Gay da Bahia. *Boletim do Grupo Gay da Bahia*, ano IV, n. 11, jun. 1985.

GONZALEZ, Lélia. Racismo e sexismo na cultura brasileira. Revista Ciências Sociais Hoje, Anpocs, 1984. p. 223-244.

GREGOLIN, Maria do Rosário. Análise do discurso e mídia: a (re)produção das identidades. *Comunicação, Mídia e Consumo*, São Paulo, v. 4, n. 11, p. 4-5, nov. 2007. Disponível em: https://bit.ly/3MNooR5. Acesso em: 20 abr. 2022.

GREEN, James. Quem é o macho que quer me matar?: homossexualidade masculina, masculinidade revolucionária e luta armada brasileira dos anos 1960 e 1970. *Revista Anistia Política e Justiça de Transição*, Brasília, n. 8, 2012.

GREEN, James. "Abaixo a repressão, mais amor e mais tesão": uma memória sobre a ditadura e o movimento de gays e lésbicas de São Paulo na época da abertura. *Acervo*, [s.l.], v. 27, n. 1, p. 53-82, abr. 2014a.

GREEN, James Naylor. O grupo Somos, a esquerda e a resistência à ditadura. In: GREEN, James Naylor; QUINALHA, Renan (Orgs.). *Ditadura e homossexualidades: repressão, resistência e a busca da verdade*. São Carlos: EdUFSCar, 2014b.

GREEN, James Naylor. "Mais amor e mais tesão": a construção de um movimento brasileiro de gays, lésbicas e travestis. *Cadernos Pagu*, Campinas, n. 15, p. 271-295, 2015.

GREEN, James Naylor. *Além do carnaval: a homossexualidade masculina no Brasil do século XX*. São Paulo: UNESP, 2000.

GREEN, James Naylor; POLITO, Ronald. *Frescos trópicos: fontes sobre a homossexualidade masculina no Brasil (1870-1980)*. Rio de Janeiro: José Olympio, 2006.

GREEN, James Naylor; QUINALHA, Renan (Orgs.). *Ditadura e homossexualidades: repressão, resistência e a busca pela verdade*. São Carlos: EdUFSCar, 2014.

GREEN, James *et al.* (Orgs.). *História do movimento LGBT no Brasil*. 1. ed. São Paulo: Alameda, 2018.

HAIDER, Asad. *Armadilha da identidade: raça e classe nos dias de hoje*. São Paulo: Veneta, 2019.

HALL, Stuart. *A identidade cultural na pós-modernidade*. Tradução de Tomaz Tadeu da Silva e Guacira Lopes Louro. 10. ed. Rio de Janeiro: DP&A, 2006.

HALPERIN, David. How to Do the History of Male Homosexuality. In: HALPERIN, David. *How to do the History of Homosexuality*. Chicago: The University of Chicago Press, 2002. p. 104-137.

HALPERIN, David. *How to be Gay*. Cambridge: Harvard University Press, 2014.

HEGER, Heinz. *Hombres del triángulo rosa: memorias de un homosexual en los campos de concentración nazis*. Madrid: Amaranto Editores, 2016.

HEKMA, Gert; OOSTERHUIS, Harry; STEAKLEY, James (Orgs.). *Gay Men and the Sexual History os the Political Left*. Nova York: Harrington Park Press, 1995a.

HEKMA, Gert; OOSTERHUIS, Harry; STEAKLEY, James. Leftist Sexual Politics and Homosexuality. *Journal of Homosexuality*, v. 29, n. 2-3, p. 1-40, 1995b.

HIRATA, Helena. Gênero, classe e raça Interseccionalidade e consubstancialidade das relações sociais. *Tempo Social*, on-line, v. 26, n. 1, p. 61-73, 2014. Disponível em: https://bit.ly/3N1YwRZ. Acesso em: 30 jan. 2022.

HOMO EROTICUS: UM ensaio de Darcy Penteado. *Lampião da Esquina*, n. 0, abr. 1978. Disponível em: https://bit.ly/3LEkmKX. Acesso em: 20 abr. 2022.

IDIER, Antoine. *Archives des mouvements LBGT+: une histoire de luttes de 1890 à nos jours*. Paris: Textuel, 2018.

INSAUSTI, Santiago Joaquin. Una historia del Frente de Liberación Homosexual y la izquierda en Argentina. *Rev. Estud. Fem.*, Florianópolis, v. 27, n. 2, e54280, 2019. https://doi.org/10.1590/1806-9584-2019v27n254280.

IOTTI, Paulo. *O STF, a homotransfobia e seu reconhecimento como crime de racismo*. Bauru (SP): Spessotto, 2020.

IRINEU, Bruna. Homonacionalismo e cidadania LGBT em tempos de neoliberalismo: dilemas e impasses às lutas por direitos sexuais no Brasil. *EM PAUTA*, Rio de Janeiro, v. 12, n. 34, p. 155-178, 2º semestre 2014.

JENSEN, E. The Pink Triangle and Political Consciousness: Gays, Lesbians, and the Memory of Nazi Persecution. *Journal of the History of Sexuality*, v. 11, n. 1-2, p. 319-349, 2002.

JOHNSON, David K. *The Lavender Scare: the Cold War Persecution of Gays and Lesbians in the Federal Government*. Chicago: The University of Chicago Press, 2004.

JOSEPH, Peniel. *Waiting 'Til the Midnight Hour: A Narrative History of Black Power in America*. Nova York: Henry Holt and Company, 2006.

KATZ, Jonathan. *The Invention of Heterosexuality*. Nova York: Penguin, 1995.

KENNEDY, H. Johann Baptista von Schweitzer: the Queer Marx Loved to Hate. In: HEKMA, Gert; OOSTERHUIS, Harry; STEAKLEY, James (Orgs.). *Gay Men and the Sexual History os the Political Left*. Nova York: Harrington Park Press, 1995a.

KERGOAT, Danielle. Dinâmica e consubstancialidade das relações sociais. *Novos Estudos CEBRAP*, v. 86, p. 93-103, 2010.

LAURENTI, Ruy. Homossexualismo e a classificação internacional de doenças. *Revista de Saúde Pública*, on-line, v. 18, n. 5, p. 344-347, 1984. Disponível em: https://bit.ly/3LHhfBR. Acesso em: 30 ago. 2021.

LAURITSEN, John. The Rise and Fall of the GLF. *The Gay & Lesbian Review Worldwide*, v. 26, n. 3, maio-jun. 2019.

LECKLIDER , Aaron. *Love's Next Meeting: The Forgotten History of Homosexuality and the Left in American Culture*. Oakland, CA: University of California Press, 2021.

LIZÁRRAGA, Xabier. Una mirada al devenir del activismo homosexual. In: RUBIO, J. Muñoz (Ed.). *Homofobia, laberinto de la ignorancia*. México: CEIICH-CCH-UNAM, 2010. p. 33-46.

MACRAE, Edward. *A construção da igualdade: identidade sexual e política no Brasil da "abertura"*. Campinas: Editora UNICAMP, 1990.

MAIA, Helder Thiago; SANTOS, Matheus Araújo dos; ASSUMPÇÃO, Pablo (Orgs.). *Periódicus*, Dossiê Cidades Dissidentes, v. 1, n. 8, p. 1-3, 2017.

MCCLINTOCK, Anne. *Couro imperial: raça, gênero e sexualidade no embate colonial*. Campinas: Editora UNICAMP, 2010.

MARSHALL, T. H. Citizenship and Social Class. In: MARSHALL, T. H.; BOTTOMORE, Tom. *Citizenship and Social Class*. Chicago: Pluto Classic (reimpr.), 1996. p. 3-51.

MARTINS, Alexandre Nogueira. *Caminhos da criminalização da LGBTfobia: racionalidade criminalizante, neoliberalismo e democratização*. São Paulo: IBCCRIM, 2021.

MASIERO, Clara Moura. *Direito Penal Antidiscriminatório: movimentos sociais e os crimes de ódio no Brasil*. Florianópolis: Emais, 2021.

MELUCCI, Alberto. Um objetivo para os movimentos sociais?. *Lua Nova: Revista de Cultura e Política*, on-line, n. 17, p. 49-66, 1989. Disponível em: https://bit.ly/3F5j2hI. Acesso em: 5 out. 2021.

MIGUEL, Luis Felipe. Voltando à discussão sobre capitalismo e patriarcado. *Revista Estudos Feministas*, on-line, v. 25, n. 3, p. 1219-1237, 2017.

MINORIAS EXIGEM EM São Paulo: felicidade deve ser ampla e irrestrita – Verushka vai à luta pelo direito de ir e vir. *Lampião da Esquina*, n. 10, mar. 1979, p. 10. Disponível em: https://bit.ly/3vY2a8l. Acesso em: 20 abr. 2022.

MISKOLCI, Richard. *O desejo da nação. masculinidade e branquitude no Brasil de fins do XIX*. São Paulo: Annablume, 2013.

MISKOLCI, Richard; CAMPANA, Maximiliano. "Ideologia de gênero": notas para a genealogia de um pânico moral contemporâneo. *Sociedade e Estado*, on-line, v. 32, n. 3, p. 725-748, 2017.

MONICA, Eder Fernandes. A hegemonia do discurso liberal sobre direitos homossexuais no STF. *Revista Direito e Práxis*, v. 11, n. 2, p. 1358-1390, 2020.

MONICA, Eder Fernandes; MARTINS, Ana Paula Antunes (Orgs.). *Qual o futuro da sexualidade no direito?*. Rio de Janeiro: Bonecker Editora; Editora Universidade Federal Fluminense, 2017.

MOREIRA, Adilson José. *Cidadania sexual: estratégia para ações inclusivas.* Belo Horizonte: Arraes, 2017.

MOTT, Luiz. Homoafetividades e direitos humanos. *Revista Estudos Feministas,* Florianópolis, v. 14, n. 2, p. 509-521, maio-ago. 2006.

MOTT, Luiz. Justitia et Misericordia: a inquisição portuguesa e a repressão ao abominável pecado de sodomia. In: NOVINSKY, A.; TUCCI, M. L. (Eds.). *Inquisição: ensaios sobre mentalidade, heresias e arte.* São Paulo: Edusp, 1992. p. 703-739.

OKITA, Hiro. *Homossexualismo: da opressão à libertação.* São Paulo: Proposta Editorial, 1981.

PATERMAN, Carole. *O contrato sexual.* Tradução de Marta Avancini. São Paulo: Paz e Terra, 2021.

PEDRO, Joana Maria; VERAS, Elias Ferreira; Os silêncios de Clio: escrita da história e (in)visibilidade das homossexualidades no Brasil. *Revista Tempo e Argumento,* Florianópolis, v. 6, n. 13, p. 90-109, set.-dez. 2014.

PELÚCIO, Larissa; MISKOLCI, Richard. A prevenção do desvio: o dispositivo da aids e a repatologização das sexualidades dissidentes. *Sexualidad, Salud y Sociedad – Revista Latinoamericana,* [s.l.], n. 1, p. 125-157, abr. 2009.

PÉRET, Flávia. *Imprensa gay no Brasil: entre a militância e o consumo.* São Paulo: Publifolha, 2011.

PERLONGHER, Nestor. Disciplinar os poros e as paixões. *Lua Nova: Revista de Cultura e Política,* on-line, v. 2, n. 3, p. 35-37, 1985. Disponível em: https://bit.ly/3LEHdG5. Acesso em: 9 nov. 2021.

PIERUCCI, Antonio Flávio. *O desencantamento do mundo: todos os passos do conceito.* São Paulo: Editora 34, 2004.

PRECIADO, Paul B. *Testo Junkie: sexo, drogas e biopolítica na era farmacopornográfica.* São Paulo: n-1, 2018.

PRECIADO, Paul B. *Um apartamento em Urano: crônicas da travessia.* Tradução de Eliana Aguiar. São Paulo: Companhia das Letras, 2020.

PUAR, Jasbir K. Homonacionalismo como mosaico: viagens virais, sexualidades afetivas. *Revista Lusófona de Estudos Culturais,* v. 3, n. 1, 2015.

PUCCINELLI, Bruno. *"Perfeito para você, no centro de São Paulo": mercado, conflitos urbanos e homossexualidades na produção da cidade.* 196 f. 2017. Tese (Doutorado) – Programa de Pós-Graduação em Ciências Sociais, Universidade Estadual de Campinas, São Paulo, 2017.

PUCCINELLI, Bruno; REIS, Ramon. "Periferias" móveis: (homo)sexualidades, mobilidades e produção de diferença na cidade de São Paulo. *Cadernos Pagu*, n. 58, p. 1-40, 2020.

QUEM TEM MEDO das "minorias"? *Lampião da Esquina*, n. 10, 1979, p. 10.

QUINALHA, Renan. Do armário para o altar: entre reconhecimento e normalização no julgamento da ADPF 132 pelo STF. In. FERRAZ, C. V. *et al. Diferentes, mas iguais: estudos sobre a decisão do STF sobre a união homoafetiva (ADPF 132 e ADI 4277)*. Rio de Janeiro: Lumen Juris, 2017.

QUINALHA, Renan. A política sexual do bolsonarismo. *CULT*, n. 241, Dossiê Sexologia Política, dez. 2018.

QUINALHA, Renan. Desafios para a comunidade e o movimento LGBT no governo Bolsonaro. In: QUINALHA, Renan. *Democracia em risco*. São Paulo: Companhia das Letras, 2019a.

QUINALHA, Renan. Marxismo e sexualidade no Brasil: recompondo um histórico. *Revista Margem Esquerda*, n. 33, Boitempo, 2019b.

QUINALHA, Renan. O mito fundador de Stonewall. *CULT*, n. 246, jun. 2019c.

QUINALHA, Renan Honório. Censura moral na ditadura brasileira: entre o direito e a política. *Revista Direito e Práxis*, [s.l.], dez. 2019d.

QUINALHA, Renan. *Contra a moral e os bons costumes: a ditadura e a repressão à comunidade LGBT*. São Paulo: Companhia das Letras, 2021a.

QUINALHA, Renan. *Lampião da Esquina* na mira da ditadura hetero-militar de 1964. *Cadernos Pagu*, on-line, n. 61, p. 1-17, 2021b.

RAO, Rahul. *Out of time: the queer politics of postcoloniality*. New York, NY: Oxford University Press, 2020.

RICH, Adrienne. A heterossexualidade compulsória e a existência lésbica. *Revista Bagoas*, n. 5, p. 17-44, 1993.

RIBEIRO, Djamila. *O que é lugar de fala*. Belo Horizonte: Letramento; Justificando, 2017.

RIOS, Roger Raupp. Para um direito democrático da sexualidade. *Horizontes Antropológicos*, ano 12, n. 26, p. 71-100, 2006.

RIOS, Roger Raupp. Perspectivas e tensões no desenvolvimento dos direitos sexuais no Brasil. *Revista de Informação Legislativa*, v. 52, n. 207, p. 331-353, jul.-set. 2015. Disponível em: https://bit.ly/3MJlg8V. Acesso em: 20 abr. 2022.

RIOS, Roger Raupp; MELLO, Lawrence Estivalet de. Direito da antidiscriminação, criminalização da homofobia e abolicionismo penal. *Revista Crítica do Direito*, v. 65, n. 5, p. 99-121, abr./jul. 2015.

ROCHA, Cássio Bruno de Araújo. *Masculinidade e inquisição. gênero e sexualidade na américa portuguesa.* Jundiaí: Paco Editorial, 2016.

RODRIGUES, Jorge Caê. Um Lampião iluminando esquinas escuras da Ditadura. In: GREEN, James N.; QUINALHA, Renan (Orgs.). *Ditadura e homossexualidades: repressão, resistência e a busca da verdade.* São Carlos: EdUFSCar, 2014.

RODRIGUES, Cristiano; FREITAS, Viviane Gonçalves. Ativismo feminista negro no brasil: do movimento de mulheres negras ao feminismo interseccional. *Revista Brasileira de Ciência Política*, on-line, n. 34, p. 1-54, 2021.

ROMFELD, Victor Sugamosto. Aproximações entre Direito Penal e Direito da Antidiscriminação: um (novo?) modelo normativo para pensar a criminalização da LGBTfobia no Brasil. *Revista Brasileira de Ciências Criminais*, São Paulo , v. 170, ano 28, p. 73-103, ago. 2020.

ROSENWALD, M. S. The Gay Rights Pioneer who Demanded Justice from the Supreme Court in 1960. *The Washington Post*, 9 jun. 2018. Disponível em: https://wapo.st/3OR4K8Y. Acesso em: 12 abr. 2022.

RUBIN, Gayle. *Políticas do sexo.* São Paulo: Ubu, 2017.

SCHULMAN, Sarah. *Let the Record Show: a Political History of ACT UP New York, 1987-1993.* Nova York: Farrar, Straus and Giroux, 2021.

SEDGWICK, Eve Kosofsky. *Epistemology of the Closet.* Berkeley: University of Califórnia Press, 1990.

SEDGWICK, Eve Kosofsky. A epistemologia do armário. *Cadernos Pagu*, Campinas, n. 28, p. 19-54, 2016.

SEEL, Pierre. *Eu, Pierre Seel, deportado homossexual.* Tradução de Tiago Elídio. Rio de Janeiro: Cassará Editora, 2012.

SHORE, Chris; WRIGHT, Susan. Policy: A New Field of Anthropology. In: SHORE, Chris; WRIGHT, Susan (Eds.). *Anthropology of Policy.* Londres: Routledge, 1997.

SCHWAB, Jean Luc; BRAZDA, Rudolf. *Triângulo Rosa: um homossexual no campo de concentração nazista.* São Paulo: Mescla, 2011.

SCOTT, Joan Wallach. Gênero: uma categoria útil para análise histórica. Traduçáp de Christine Rufino Dabat e Maria Betânia Ávila. *Educação e Realidade*, Porto Alegre, v. 20. n. 2, p. 1-35, 1995.

SIMÕES, Júlio; FACCHINI, Regina. *Na trilha do arco-íris: do movimento homossexual ao LGBT*. São Paulo: Editora Fundação Perseu Abrano, 2009.

SOARES, Inês Virginia Prado; QUINALHA, Renan. Lugares de memória no cenário brasileiro da justiça de transição. *Revista Internacional Direito e Cidadania*, n. 10, p. 75-86, jun. 2011.

SOU TARADO (LENNIE Dale confessa, sob protestos gerais. *Lampião da Esquina*, n. 2, jun. 1978. Disponível em: https://bit.ly/39livw8. Acesso em: 20 abr. 2022.

SOUTO MAIOR, Paulo; SILVA, Fábio (Orgs.). Páginas de transgressão: a imprensa gay no Brasil. São Paulo: Museu da Diversidade Sexual, 2021. Disponível em: https://bit.ly/3LElQVh. Acesso em: 13 abr. 2022.

SOUTO MAIOR, Paulo; QUINALHA, Renan (Orgs.). *Novas fronteiras das histórias LGBTI+ no Brasil*. São Paulo: Elefante, 2022 (no prelo).

STEIN, M. Homophile Activism 1940-69. In: STEIN, M. *Rethinking the Gay and Lesbian Movement*. Nova York: Routledge, 2012.

STF REJEITA RECONHECIMENTO de duas uniões estáveis simultâneas. *Supremo Tribunal Federal*, 22 dez. 2020. Disponível em: https://bit.ly/3ycbs-QO. Acesso em: 20 abr. 2022.

TEIXEIRA, Matheus. CNJ proíbe que cartórios reconheçam uniões poliafe-tivas. *Jota*, on-line, 26 jun. 2018. Disponível em: https://bit.ly/39wWLh4. Acesso em: 20 abr. 2022.

TOSOLD, Lea. Do problema do essencialismo a outra maneira de se fazer política: retomando o potencial transformador das políticas de diferença. *Mediações – Revista de Ciências Sociais*, v. 15, n. 2, 2010.

TREVISAN, João Silvério. *Devassos no paraíso: a homossexualidade no Brasil, da colônia à atualidade*. São Paulo: Editora Objetiva, 2018.

TREVISAN, João Silvério. Somos o quê?. In: GREEN, James Naylor *et al.* *História do movimento LGBT no Brasil*. 1. ed. São Paulo: Alameda, 2018.

VAINFAS, Ronaldo. *Trópico dos pecados; moral, sexualidade e inquisição no Brasil*. Rio de Janeiro: Editora Campus,1989.

VERAS, Elias Ferreira. *Travestis: carne, tinta e papel*. Curitiba: Editora Prismas, 2019.

VERGUEIRO, Viviane. Pensando a cisgeneridade como crítica decolonial. In: MESSEDER, S., CASTRO, M. G.; MOUTINHO, L. (Orgs.). *Enlaçando sexualidades: uma tessitura interdisciplinar no reino das sexualidades e das relações de gênero*. Salvador: EDUFBA, 2016. p. 249-270.

VIEIRA, Adriana Dias; EFREM, Roberto. O rei está nu: gênero e sexualidade nas práticas e decisões no STF. *Revista Direito e Práxis*, on-line, v. 11, n. 2, p. 1084-1136, 2020. Disponível em: https://bit.ly/3LApUG8. Acesso em: 19 nov. 2021.

WARNER, Michael. Introduction: Fear of a Queer Planet. *Social Text*, n. 29, Duke University Press, p. 3-17, 1991.

WELZER-LANG, Daniel. A construção do masculino: dominação das mulheres e homofobia. *Revista Estudos Feministas*, on-line, v. 9, n. 2, p. 460-481, 2001.

WOLF, Sherry. *Sexualidade e socialismo: história, política e teoria da libertação LGBT*. São Paulo: Autonomia Literária, 2021.

Este livro foi composto com tipografia Adobe Garamond Pro
e impresso em papel Off-White 80 g/m² na Formato Artes Gráficas.